Übungsreihen für Geistigbehinderte
Heft A 8.3 (Umgang mit Mengen, Zahlen und Größen)

Franziska Reich

Anbahnung des Zahlbegriffs bei Geistigbehinderten (A 8)

Heft A 8.3: Geistigbehinderte lernen zählen

Zeichnungen: Judit Schaffrin, Franziska Reich

Übungsreihen für Geistigbehinderte

– Konzepte und Materialien –

Hrsg. Susanne Dank

Lehrgang A: Umgang mit Mengen, Zahlen und Größen **Heft A 8.3**

Franziska Reich

Anbahnung des Zahlbegriffs bei Geistigbehinderten (A 8)

Heft A 8.3: Geistigbehinderte lernen zählen

Zeichnungen: Judit Schaffrin, Franziska Reich

verlag modernes lernen - Dortmund

Meiner Tochter Stefanie,
die mein Manuskript in den Computer übertragen hat,
sowie meinem Lebensgefährten Christian,
der mich bei den Korrekturen und der Fotoauswahl unterstützt hat.

---

2. Aufl. 1997

Zeichnungen: Judit Schaffrin, Franziska Reich

Fotos: Franziska Reich

Bestell-Nr. 3615 ISBN 3-8080-0290-5

Inhalt:

Übungsreihen für Geistigbehinderte?

Idee und Anliegen

Leider sind Konzepte und Arbeitshilfen für die Förderung und den Unterricht mit Geistigbehinderten immer noch rar. Häufig beziehen sich Eltern, Lehrer und Erzieher in Ermangelung geeigneter Materialien auf Inhalte und Vermittlungsformen der herkömmlichen Kindergarten- und Schulpädagogik. Diese werden jedoch den speziellen Bedürfnissen geistigbehinderter Schüler nur selten gerecht.

Sei es, daß der Lernstoff im Schwierigkeitsgrad zu weit „oben" ansetzt, daß die Lernschritte zu rasch aufeinander folgen und die breite Übungspalette fehlt oder aber, daß Themen angeboten werden, die dem Alter und den Interessen Geistigbehinderter einfach nicht so recht entsprechen.

Dieses Manko versuchen die „Übungsreihen für Geistigbehinderte" aufzuarbeiten, indem hier *notwendige* und *praxisorientierte* Förderinhalte systematisch und umfassend abgehandelt werden.

Geistigbehinderte müssen mit Hilfe *besonders* strukturierter Lerninhalte auf ein weitgehend selbständiges Leben vorbereitet werden. Wie eine Förderung in diesem Sinne aussehen kann, dokumentieren die „Übungsreihen für Geistigbehinderte" anschaulich und nachvollziehbar.

Die Auswahl der Einzelthemen orientiert sich dabei am geistigbehinderten Schüler und seiner Lebensumwelt, fragt nach so wichtigen Entscheidungskriterien wie:

- Hat das Thema Relevanz für die aktuelle oder zukünftige Lebenssituation Geistigbehinderter?
- Nimmt es in notwendiger Weise Bezug auf vorhandene Sachzwänge und objektive Gesetzmäßigkeiten?
- Vergrößert der Lernstoff die Handlungskompetenz, erweitert er den Aktionsradius der Schüler?
- Orientiert sich der Lerngegenstand ausreichend an ihren individuellen Bedürfnissen und Interessen?

In den Sonderschulen für Geistigbehinderte werden die Erziehungs- und konkreten Lernziele innerhalb von *fachorientierten Lehrgängen* (Schaffung sachgerechter Grundlagen in den einzelnen Fachbereichen) und *Vorhaben/Projekten* (Anwendung der erworbenen Kenntnisse und Fähigkeiten in praxisorientierten Aufgabenfeldern) verfolgt.

Eine entsprechende Systematik liegt auch den „Übungsreihen für Geistigbehinderte" zugrunde.

Die „Übungsreihen für Geistigbehinderte" stellen Beiträge zu den *Lehrgängen*

- Sprache (Lesen und Schreiben)
- UMZG (Umgang mit Mengen, Zahlen und Größen)
- Lebenspraktisches Training
- Arbeitslehre (Werktechnische Fächer, Hauswirtschaft)
- Wahrnehmungsförderung
- Sport
- Musik

in übersichtlichen Fördereinheiten vor. *Vorhaben* und *Projekte* werden in Form übertragbarer Dokumentationen für den Nachvollzug zugänglich gemacht.

Die Frage, für wen die „Übungsreihen für Geistigbehinderte" geschrieben werden, ist leicht zu beantworten: Für alle, die in der Förderarbeit mit Geistigbehinderten tätig sind – Lehrer, Erzieher, Eltern, Betreuer in Werkstätten, Heimen, Horten, Kindergärten, Freizeiten und Krankenhäusern.

Über Rückmeldungen und Kritik, Anregungen und Vorschläge von Leserseite würde ich mich als Herausgeberin der Hefte-Reihe sehr freuen. All jene, die mit ihrer Erfahrung, bisher geleisteter Unterrichtsarbeit, Materialiensammlungen und anderen Schätzen zum Gelingen der Reihe beitragen wollen, möchte ich ermutigen, sich an dieser Pionierarbeit zu beteiligen.

Susanne Dank

Der Lehrgang Umgang mit Mengen, Zahlen und Größen

Der Lehrgang UMZG ist häufig für Schüler und Lehrer gleichermaßen mit großen Frustrationen verbunden. Wie liebevoll auch immer hier die Materialien ausgewählt und Arbeitsblätter gemalt sein mögen, so müssen wir doch ständig die Erfahrung machen, daß das abstrakte Verständnis für mathematische Sachverhalte bei Geistigbehinderten häufig ausbleibt und es kein Vorwärtskommen gibt, wenn wir die Ebene des Konkreten verlassen.

Dabei steckt die Welt voller Zahlen, Mengen und Größen. Wir können nicht so tun, als ob das mathematische Wissen nebensächlich und bloßer Ballast wäre. Klammern wir diesen Bereich von vornherein aus, lernen die Schüler weder die Uhr zu lesen noch mit Geld umzugehen. Kalender, Lineal, Meßbecher und Küchenwaage, ja sogar das Telefon bleiben unverstanden und für die praktische Nutzung unzugänglich.

Um diesem Dilemma zu entgehen, muß innerhalb des Lehrgangs zweigleisig verfahren werden:

Einerseits langfristige und systematische Planung auf das Endziel einer möglichst umfassenden mathematischen Kompetenz hin. Andererseits Einteilung des Stoffes in überschaubare Abschnitte sowie Schulung engumgrenzter, vor allem aber pragmatischer Teilfertigkeiten.

Da von vornherein absehbar ist, daß viele Schüler kein umfassendes Verständnis von Mengen, Zahlen und Größen erwerben können, muß der Unterricht von Anfang an so geplant werden, daß jede Übungseinheit mit einer *Handlungskompetenz* abschließt.

Nur so vermeiden wir das ermüdende, endlose Wiederholen mathematischer Grundlagen ohne wirklichen Erfolg.

Die mühsam antrainierten Wissensbruchstücke können im Lebensalltag der Schüler keinen Einsatz finden, solange sie nicht im Zusammenhang mit aktuellen und bedürfnisorientierten Tätigkeiten stehen. Erfolgreich und motivierend kann der Lehrgang UMZG nur dadurch werden, daß wir hier Lernziele anstreben, die als Lösungsstrategien auch über die einzelne Unterrichtsstunde hinaus anzuwenden sind.

Das durchaus notwendige Erarbeiten und Üben mathematischer Fundamente, wie z.B.

- Anbahnung eines globalen Mengenverständnisses
- Klassifikationsleistungen
- Herstellen von Beziehungen und Zuordnungen
- Aufbau des Zahlenraumes
- Erwerb grundlegender Rechentechniken usw.

muß stets in einen Rahmen eingebettet sein, der ganz konkrete Lernerträge garantiert und nicht ausschließlich von der vagen Hoffnung lebt, „daß Rita vielleicht doch noch das Addieren lernt“!

Der Wunsch, geistigbehinderte Schüler durch den Lehrgang UMZG mit frei verfügbaren Handlungskompetenzen auszustatten, geht nur in Erfüllung, wenn gleichzeitig zur Schulung des mathematisch-analytischen Verständnisses ebenfalls Wege des *ganzheitlichen Erfassens* vermittelt werden und die Schüler die erworbenen Kenntnisse praktisch erproben, in lebensechten Situationen einüben und dadurch zu individuellen Fertigkeiten entwickeln können.

Im schulischen Alltag erreichen wir dies, indem wir den Lehrgang UMZG in abgeschlossene *Unterrichtsreihen* zergliedern, die parallel zum Aufbau der abstrakten Rechenfähigkeit ganz pragmatische Ziele verfolgen, d.h. die Schüler mit *konkreten Techniken* ausrüsten, die auch unabhängig von weiteren, aufbauenden Lernerfolgen sofort anwendbar sind.

Unter diesem Motto sind die Beiträge der „Übungsreihen für Geistigbehinderte – Lehrgang Umgang mit Mengen, Zahlen und Größen“ entstanden.

Susanne Dank

Bisher erschienen:

Heft A1: Geistigbehinderte lernen die Uhr im Tagesablauf kennen.

Heft A5: Geistigbehinderte lernen den Umgang mit dem Längenmaß.

Heft A7: Geistigbehinderte lernen Möglichkeiten Freier Arbeit im Bereich Umgang mit Mengen, Zahlen und Größen kennen.

Lehrgang A 8: Anbahnung des Zahlbegriffs bei Geistigbehinderten

Heft A8.1: Theoretische Einführung

Heft A8.2: Geistigbehinderte lernen Voraussetzungen zum Zählen – Reihenbegriff und Zahlbegriff „1“

Heft A8.3: Geistigbehinderte lernen zählen

Geistigbehinderte lernen zählen

Wie sind die Unterrichtsreihen im Lehrgang „Anbahnung des Zahlbegriffs bei Geistigbehinderten“ einzuordnen?

Dieses Heft umfaßt *zwei* Unterrichtsreihen, durch welche die Schüler grundlegende Prinzipien für korrektes Zählen erlernen (Reihe: *„Wir lernen zählen“*) und dies im motorischen Vollzug anwenden sollen (Reihe: *„Häufigkeiten auszählen“*).

Die Unterrichtsreihen sind **Teil eines Lehrgangs zur Anbahnung des Zahlbegriffs bei Geistigbehinderten**, der in Heft A 8.1 dieser Übungsreihen ausführlich dargestellt und theoretisch begründet wurde.

Der *Zahlbegriff* soll in diesem Lehrgang *in seinen vielfältigen Aspekten* systematisch erarbeitet werden. Dabei nimmt der Zählzahlaspekt aufgrund seines Zusammenhangs mit den anderen Zahlaspekten (vgl. Abb. 2b, S. 10) und seiner Bedeutung bei deren Entwicklung sowie unter dem Gesichtspunkt der Kindgemäßheit und Lebensbedeutsamkeit für Geistigbehinderte eine zentrale, verbindende Stellung ein (vgl. Heft A 8.1).

Alle Unterrichtsreihen sind folgendem Grobziel unterstellt:

„Die Schüler sollen die Zahlen 1 – 10 als Zählzahlen und im Zusammenhang mit diesen als Operator-, Kardinal-, Rechen-, Ordnungs- und Maßzahlen sowie in ihrer Ifferndarstellung kennen- und anwenden lernen.“

Inhalt und Aufbau der einzelnen Reihen ergeben sich aus der Analyse der Inhalts- und Verhaltensaspekte dieses Grobziels, die in Heft A 8.1 näher erläutert wurde. Der Übersichtlichkeit wegen werden deren Vielschichtigkeit bzw. Komplexität in vereinfachten Skizzen dargestellt (Abb. 2a und 2b, S. 9 und 10). Soweit dies möglich war, wurden darin die einzelnen Aspekte nach entwicklungspsychologisch oder sachlogisch bedingtem Schwierigkeitsgrad angeordnet (von unten nach oben zunehmend).

Die diesem Heft zugrundeliegenden Inhalte sind in den beiden Skizzen grau unterlegt.

In der Skizze zum Inhaltsaspekt des Grobziels (Abb. 2a) sind als *konstituierende Begriffe* für die Zählzahl der Reihenbegriff, der Zahlbegriff „1“ sowie die Zahlwortreihe aufgeführt. Die ersten beiden Begriffe wurden in Heft A 8.2 (Geistigbehinderte lernen Voraussetzungen zum Zählen – Reihenbegriff und Zahlbegriff „1“) erarbeitet. Die *Zahlwortreihe* wird in der ersten Unterrichtsreihe dieses Heftes („**Wir lernen zählen**“) eingeübt.

Die *Zählhandlungen* in dieser Reihe sind vor allem das Aufsagen der Zahlwortreihe in Reimen, Versen oder Zählliedern, rhythmische Zählübungen und handlungsbegleitende Zählspiele (die unteren 3 Bereiche der Zählhandlungen in Abb. 2a).

Die *numerische Reichweite*, d.h. der Zählumfang, liegt in der Regel (dem Grobziel entsprechend) bei 1 – 10, da dieser Zahlenraum durch die Fingerrepräsentation noch sehr anschaulich ist, und der Zehnerübergang eine fortgeschrittene Abstraktionsstufe darstellt, die in einem Lehrgang zur *Anbahnung* des Zahlbegriffs zu weit führen würde.

Dieser „mathematischen“ Grenze steht bei einzelnen Zählliedern und -spielen jedoch eine „lebenspraktische“ Grenze gegenüber, die im Zahlenraum bis 12 liegt und sich dadurch ergibt, daß z.B. die Uhr 12 Stunden anzeigt und das Jahr 12 Monate hat. Daher wird in diesem Heft bei den Spielen „Das wilde Tier“ und „Die Turmuhr schlägt“ auch schon bis 12 gezählt.

In der Unterrichtsreihe „**Häufigkeiten auszählen**“ steht der Operatoraspekt des Zahlbegriffs im Mittelpunkt. Die *Operatorzahl* (vgl. Abb. 2a) hängt eng mit der Zählzahl zusammen. Sie gibt die Vielfachheit eines Vorgangs an und wird durch die Zahladverbien „einmal“, „zweimal“, ... ausgedrückt. Diese Zahladverbien heißen auch „Wiederholungs-“ oder „Iterativzahlen“. Es werden also Häufigkeiten oder Vorgänge ausgezählt, wobei die Schüler während der Handlungen *mitzählen* müssen (vgl. Abb. 2b), da sich diese in der Zeit abspielen und dadurch nicht direkt bildhaft-räumlich zugänglich sind. Sie können lediglich durch Hilfsabbildungen (z.B. Strichlisten) veranschaulicht werden.

Abb. 1: Häufigkeiten auszählen

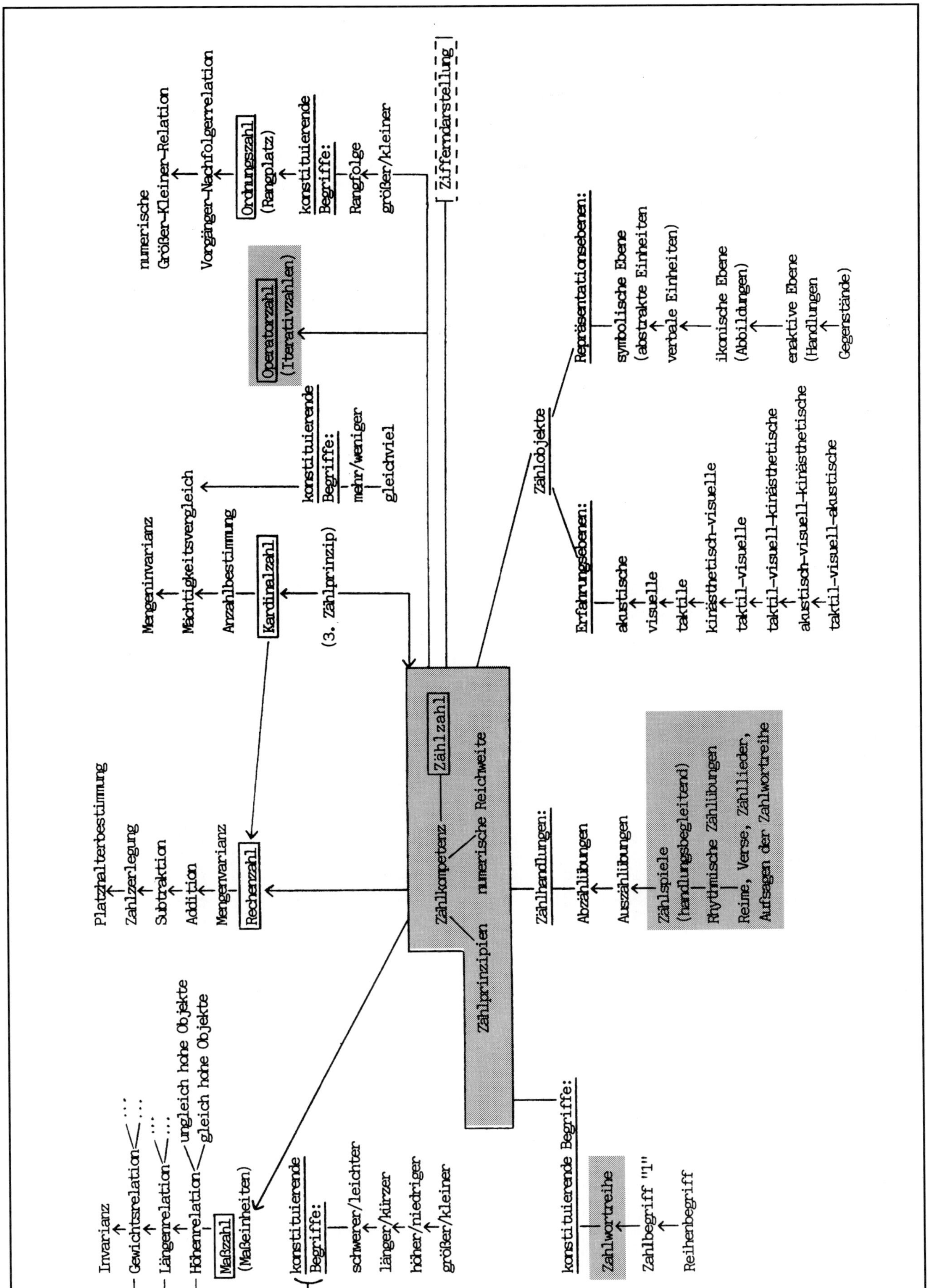

*Abb. 2a: Skizze zu den **Inhaltsaspekten** des Grobziels*

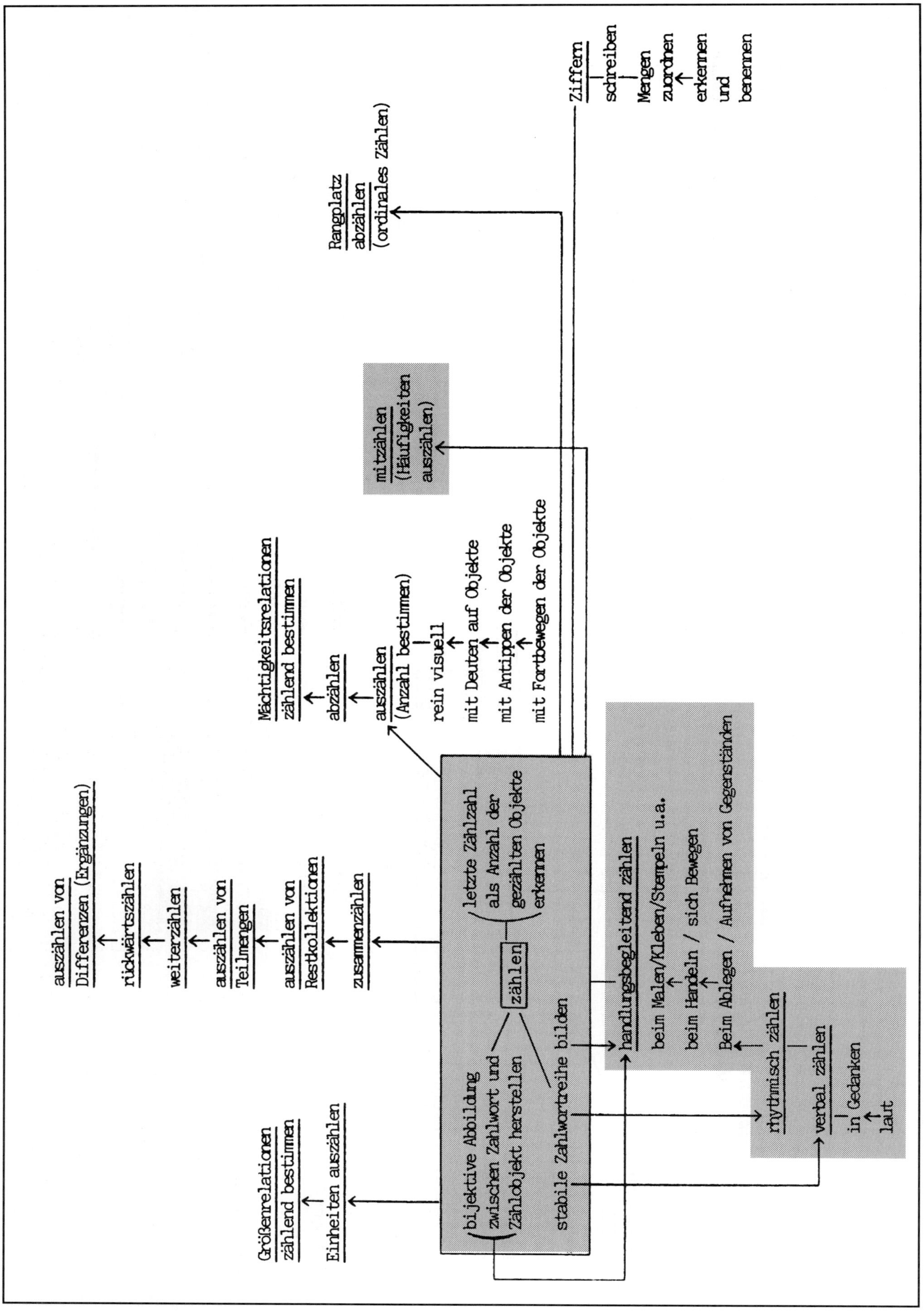

Abb. 2b: Skizze zu den ***Verhaltensaspekten*** des Grobziels

Wie in der Skizze zu den Inhaltsaspekten des Grobziels (Abb. 2a) zu sehen ist, steht die Operatorzahl auf gleicher Höhe wie die Kardinalzahl. Da in der Skizze die verschiedenen Zahlaspekte nach entwicklungspsychologisch oder sachlogisch bedingtem Schwierigkeitsgrad angeordnet sind, kann man daraus schließen, daß beide Aspekte des Zahlbegriffs parallel erarbeitet werden können. Tatsächlich liegen die Unterrichtsreihen zum Operatoraspekt und zum Kardinalzahlaspekt auf *einem* Entwicklungsniveau.

Beobachtungen im Unterricht (Diagnose des sachstrukturellen Entwicklungsstandes der Schüler und Durchführung der Reihen) ergaben allerdings, daß das *Zählen von motorischen Einheiten* (Übungen zum Operatoraspekt) vielen Schülern *leichter* fiel *als das von Gegenständen* (wie beim kardinalen Aspekt). Auch Zählfehler waren bei den Bewegungsübungen nicht so häufig wie beim Zählen konkreter Objekte, obwohl bei ihnen wegen fehlender visueller Kontrolle die Abstraktionsstufe und damit der Schwierigkeitsgrad sachlogisch eigentlich größer ist. Daher wird in diesem Heft als erster weiterer Aspekt neben der Zählzahl der Operatoraspekt des Zahlbegriffs erarbeitet.

Was heißt eigentlich „Zählen"?

Man unterscheidet *aus mathematischer Sicht* zwei Arten von „Zählen": das verbale oder abstrakte Zählen und das sog. elaborierte oder anzahlermittelnde Zählen.

Beim *abstrakten Zählen* wird die Reihe der natürlichen Zahlen rein verbal, d.h. ohne Bezug zu Zählobjekten durchlaufen (vgl. Abb. 3). Diese Zählweise erfordert (nur) ein intaktes Zahlengedächtnis für die richtige Reihung der gesprochenen Zahlwörter.

Abb. 3

Das *elaborierte Zählen* besitzt quantitativen Charakter, dient also der Anzahlermittlung. Es stellt einen komplexen Vorgang dar, der durch 5 grundlegende Prinzipien charakterisiert wird (vgl. GELMAN/GALLISTEL, 1978):

(1) *Eineindeutigkeitsprinzip*:
Jedem zu zählenden Gegenstand muß **genau ein** Zahlwort zugeordnet werden.
(Typische Fehler: Es wird zu schnell gezählt, so daß Gegenstände unberücksichtigt bleiben, oder Gegenstände werden mehrfach gezählt)

(2) *Prinzip der stabilen Ordnung*:
Die Zahlwörterreihe unterliegt einer festen Ordnung, so daß die Zählzahlfolge immer die gleiche ist.
(Typische Fehler: Auslassung oder Vertauschung von Zahlwörtern, z.B. „eins, zwei, vier, ..." oder „..., fünf, sieben, sechs, ...")

(3) *Kardinalzahlprinzip*:
Das letzte Glied der Zählreihe gibt zugleich die Anzahl der Elemente einer Menge an (Zusammenhang zwischen Zählzahl- und Kardinalzahlaspekt!).
(Typischer Fehler: Nach Abzählen der Elemente einer Menge kann die Frage, **wieviele** Elemente diese enthält, nicht korrekt beantwortet werden)

(4) *Abstraktionsprinzip*:
Beliebige Elemente können – unabhängig von ihren **qualitativen** Merkmalen (!) – nach den Prinzipien 1 – 3 gezählt werden. Zählen ist ein universell anwendbares Prinzip.
(Typischer Fehler: Festhalten am qualitativen Aspekt der Elemente, z.B.: 5 Elemente im Mengenkreis werden folgendermaßen gezählt: „Eins-zwei-drei-Birnen und eins-zwei-Äpfel")

(5) *Prinzip von der Irrelevanz der Anordnung*:
Die Anordnung der Zählobjekte und die Reihenfolge, in der sie gezählt werden, sind für das Zählergebnis ohne Bedeutung (vgl. Abb. 4).
(Typische Fehler: Unsicherheit über das Zählergebnis, wenn die Anordnung der Gegenstände verändert wird; starres Festhalten an einer – meist linearen – Anordnung der Gegenstände, die vor dem Zählen unbedingt hergestellt werden muß).

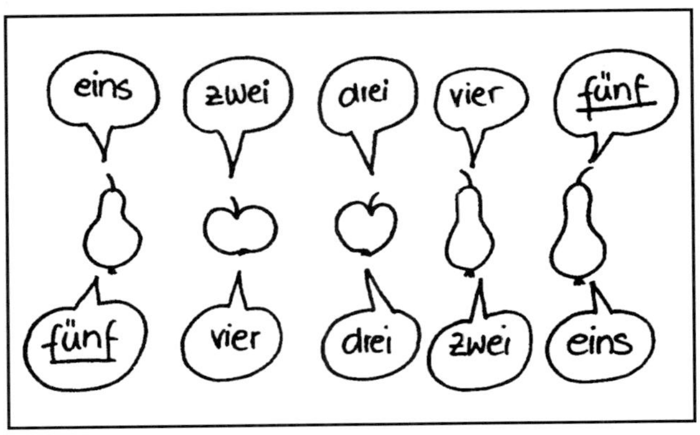

Abb. 4

Von *den Zählhandlungen bzw. den Verhaltensaspekten her betrachtet* (vgl. Abb. 2b) lassen sich ebenfalls verschiedene Zählarten unterscheiden:

Für das *verbale und rhythmische Zählen* (z.B. in Reimen und Liedern) muß man nur das 2. Zählprinzip, das der „stabilen Ordnung" beherrschen, d.h. die Zahlwortreihe in korrekter Folge erlernen (vgl. abstraktes Zählen).

Beim *handlungsbegleitenden Zählen* in seinen verschiedenen Varianten muß außerdem das 1. Zählprinzip berücksichtigt werden, welches besagt, daß jedem Zählobjekt oder jeder Handlung genau ein Zahlwort zugeordnet wird und umgekehrt. **Während** das Kind Gegenstände bewegt, auf ein Instrument schlägt (vgl. Abb. 5) oder Kreise malt u.ä., zählt es „handlungsbegleitend" mit, ohne jedoch dabei schon das 3. Zählprinzip, das Kardinalprinzip, erfaßt haben zu müssen. Es kann durchaus **in richtiger Zuordnung** von Zahlwort und Handlung/Zählobjekt x-mal auf ein Instrument schlagen oder bis zur Zahl x Objekte einzeln zählend von einem Ort zum anderen legen oder sie malen, ohne verstanden zu haben, daß es nun genau x-mal geschlagen oder genau x Dinge bewegt oder gemalt hat.

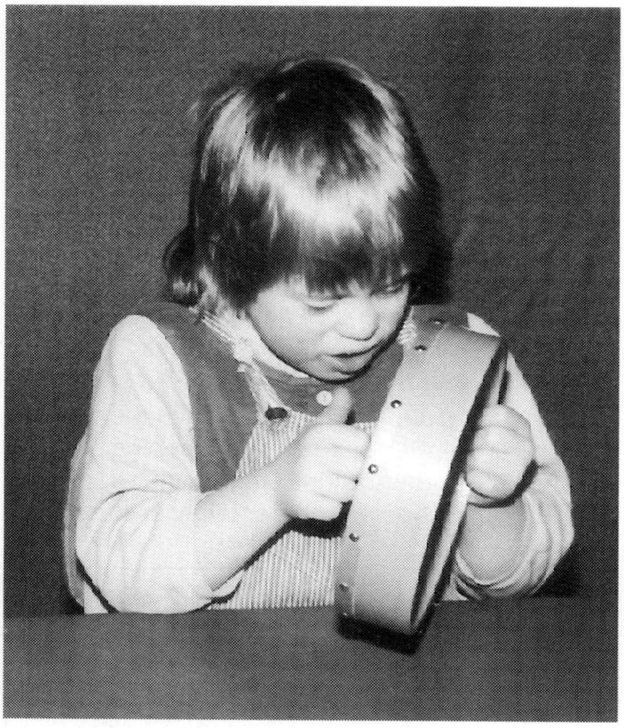

Abb. 5

Das Erlernen dieser drei Zählhandlungen und somit der ersten beiden Zählprinzipien ist Grundlage der Unterrichtreihe „Wir lernen zählen".

Beim Inhalt der 2. Reihe dieses Heftes („Häufigkeiten auszählen") geht es bereits um das Erfassen und Anwenden des Kardinalzahlprinzips (3. Zählprinzip). Indem das Kind beim Ausführen von Bewegungen bzw. Handlungen *mitzählt*, soll es jetzt seine Intention schon auf das Zähl*ergebnis* lenken, d.h. die *Anzahl* der motorischen Einheiten *bestimmen*.

Die weiteren Zählarten (vgl. Abb. 2b), wie z. B. *auszählen, abzählen, zusammenzählen* etc. erfordern auch das Berücksichtigen des 4. und 5. Zählprinzips. Sie sind den anderen Zahlaspekten des Zahlbegriffs (u.a. Kardinalzahl-, Rechenzahl-, Ordnungszahlaspekt) zuzuordnen, die in separaten Unterrichtsreihen erarbeitet werden.[1]

Über welche Lernvoraussetzungen müssen die Schüler verfügen?

Die Schüler sollten möglichst schon eine Vorstellung vom Begriff der „Reihe" haben, vorgegebene Abfolgen nachlegen und periodische Folgen fortsetzen sowie die Zahl „1" als Zähleinheit erkennen und anwenden können, bevor die beiden Unterrichtsreihen dieses Heftes durchgenommen werden. Außerdem sollten sie provozierte „Eins-zu-eins-Zuordnungen" vornehmen und die Begriffe „eins" und „viele" unterscheiden können (*mathematische* Voraussetzungen).[2]

Daneben ist es für viele Übungen erforderlich, daß die Schüler *grobmotorische Bewegungsabläufe* wie gehen, stampfen, teilweise auch hopsen und hüpfen (vgl. Abb. 6 auf S. 13) beherrschen, da zum Erlernen der Zahlwortreihe und insbesondere auch beim „Häufigkeiten auszählen" (Operatoraspekt) viele Kreis- und Bewegungsspiele sowie Übungen mit dem Körper angeführt werden.

Es wäre auch gut, wenn die Kinder ihre Füße differenziert bewegen, einen Stab mit den Armen führen und einen Ball werfen und fangen könnten. Diese Bewegungsabläufe können jedoch auch während der Zählspiele (ggf. zunächst mit passiver Führung) allmählich eingeübt werden.

Ein gutes Rhythmusgefühl ist bei vielen Übungen hilfreich, aber nicht unbedingt notwendig.

[1] Die Hefte „Geistigbehinderte lernen die individuellen Zahlbegriffe 1 – 10 und die Ziffern kennen" (*Kardinalzahlaspekt*), „Geistigbehinderte lernen Anzahlen erfassen" (*Kardinalzahlaspekt*), „Geistigbehinderte erlernen einfache Rechenoperationen" (*Rechenzahlaspekt*), „Geistigbehinderte lernen Ordnungsstrukturen und -zahlen kennen" (*Ordnungszahlaspekt*) folgen später.

[2] Diese Voraussetzungen werden in Heft A 8.2 „Geistigbehinderte lernen Voraussetzungen zum Zählen – Reihenbegriff und Zahlbegriff „1" erarbeitet.

Abb. 6

Hand- und feinmotorisch werden bei den beiden Unterrichtsreihen nicht so große Anforderungen gestellt. Die Kinder sollten Orffsche Instrumente schlagen und in die Hände klatschen können. Selten sind differenziertere Hand- und Fingerbewegungen erforderlich, für nur eine Übung müssen die Schüler Striche oder Kreise malen, also einen Stift richtig führen können.

Wahrnehmungsmäßig ist neben einer ausgebildeten Auge-Hand-Koordination eine wenigstens teilweise vorhandene Raumlage- und räumliche Beziehungswahrnehmung notwendig, damit das Kind beim Zählen das Zeigen auf die Gegenstände (ohne welche auszulassen oder doppelt anzutippen) mit dem Nennen der Zahlwörter koordinieren kann.

Außerdem muß es auditiv soweit diskriminieren können, daß es unterscheidungsstiftende Lautkombinationen heraushört und ähnliche Zahlwörter richtig erkennt und ausspricht (z.B. *zw*ei, *dr*ei).

An *kognitiven* und *verbalen Fähigkeiten* sollten die Schüler ein Verständnis für einfache Regeln und Beziehungen sowie verbal gestellte Aufgaben aufweisen, die Begriffe „vor“, „hinter“, „neben“ und „Reihe“ kennen und anwenden sowie die Zahlwortreihe sprechen und auswendig lernen können.

Von ihrem *Arbeitsverhalten* her sollten die Kinder in der Lage sein, sich über mehrere Minuten lang auf eine Aufgabe konzentrieren, sich bei Kreis- und Bewegungsspielen in die Gruppe einfügen und an vorgegebene Spielregeln halten zu können.

In welcher Schul- bzw. Altersstufe können die Unterrichtsreihen durchgeführt werden?

Die beiden Unterrichtsreihen zum Zählenlernen sind für die Unterstufe der Geistigbehindertenschule gedacht. Entsprechend sind auch alle unterrichtspraktischen Vorschläge für Kinder dieser Altersstufe erstellt worden. Allerdings bieten die bei vielen Übungen zusätzlich angeführten *Differenzierungsvorschläge* auch Material und Aufgaben für ältere Schüler an.

Welche Unterrichtsmaterialien und Medien werden benötigt?

Bei allen Übungen/Spielen werden die jeweils erforderlichen Unterrichtsmaterialien detailliert aufgeführt sowie ggf. Herstelleradressen angegeben.

Eine Reihe von wichtigen Kriterien zur Auswahl der Unterrichtsmedien für den Lehrgang „Anbahnung des Zahlbegriffs bei Geistigbehinderten“ wurden in Heft A 8.1 beschrieben.

Bei beiden Unterrichtsreihen ist das wichtigste Medium der eigene Körper der Schüler, da viele Kreis-, Sing- und Bewegungsspiele aufgeführt werden. Klatschen, Klopfen, Stampfen, Hüpfen, Springen, Laufen u.ä. ohne, aber auch mit anderen Unterrichtsmaterialien wie z.B. mit Turnreifen, Stäben, Seilchen, Bällen und weiteren Instrumenten aus dem Rhythmikunterricht oder Schlagen auf Orffsche Instrumente sind häufige Übungselemente.

An konkreten Operationsobjekten werden nur wenige Dinge benötigt, wie z.B. Holzfiguren (vgl. Abb. 7, S. 14), Spielgeld oder echte Pfennige und einige Medien, die schon in der Unterrichtsreihe „Reihenbegriff und Reihenbildung“ (Heft A 8.2) aufgeführt wurden.

Abb. 7

Die Unterrichtsreihe „Wir lernen zählen“

Wie ist die Reihe aufgebaut?

Der Aufbau der Unterrichtsreihe erfolgt nach den im nächsten Kapitel aufgeführten *Lernzielen*. Diese stellen eine *sachlogische Lernschrittfolge* dar. Sie ist jedoch, ebenso wie die Anordnung der verschiedenen Unterrichtsreihen im gesamten Lehrgang, gleichwohl nicht als streng hierarchisch anzusehen, da „die Zerlegung eines Lernziels in Teillernziele ... keineswegs eindeutig“ ist, „so daß man zu verschiedenen Lernstrukturen gelangen kann“ (WITTMANN 1978[5], 115).

Außerdem lernen geistigbehinderte Kinder oft nicht so eindeutig den entwicklungspsychologischen und sachlogischen Erkenntnissen entsprechend, wie man das bei nichtbehinderten vorfindet. Es ist daher sinnvoll, die Ziele sowie die Reihenfolge der Übungen den jeweiligen Schülern entsprechend auszuwählen. Der sachlogische Aufbau kann dabei den roten Faden bieten.

Das erste Lernziel dieser Unterrichtsreihe ist weitgehend mit den beiden ersten Zielen der Reihe „Einführung des Zahlbegriffs ‚1‘“ (Heft A 8.2) identisch und infolgedessen durch die dort beschriebenen Übungen erreichbar. In diesem Heft wird daher exemplarisch nur ein Spiel aus jener Reihe nochmals angeführt. Während dort jedoch mit den beiden Zielen auf den Zahlbegriff „1“ hintendiert wurde, also der kardinale Aspekt im Vordergrund stand, liegt hier die Intention beim *Zählprozeß* (Zählzahlaspekt!). Es geht darum, daß das Kind bewußt wahrnimmt, daß beim Zählen *ein Zahlwort auf das andere folgt* (wobei das Wort selbst noch keine Rolle spielt!) und dabei immer nur ein Objekt ergriffen bzw. berührt oder eine Handlung (z.B. Trommelschlag) durchgeführt wird.

Das sachlogisch nächste Lernziel umfaßt den *Erwerb der festen Zahlwörterreihe* (2. Zählprinzip). Da Klang und Folge der Zahlwörter willkürlich festgelegt, also etwas mehr oder weniger Zufälliges sind, kann man sie sich nur rein gedächtnismäßig bzw. mechanisch aneignen. Um so bedeutender ist es, dieses Üben für die Kinder abwechslungsreich und attraktiv zu gestalten, z.B. mit Versen, Liedern und durch rhythmisches Zählen. Vor allem der Rhythmus spielt beim Erlernen der Zahlwörterreihe eine große Rolle, ist er doch vom „Wesen des Zählaktes“ nicht zu trennen, da dem Zählprozeß selbst ein Rhythmus innewohnt. Außerdem wird das Aufnehmen und Speichern der Inhalte verbessert, wenn diese den Schülern rhythmisiert dargeboten werden.

Die weiteren Ziele und Übungen der Unterrichtsreihe beinhalten die *korrekte Koordination zwischen Zahlwort und Bewegung* (z.B. Stampfen) oder *zwischen Zahlwort und Zählobjekt und Handbewegung* des Kindes (beim Anfassen bzw. Antippen der jeweils zu zählenden Gegenstände) (1. Zählprinzip). Diese „Eins-zu-Eins-Zuordnungen“ fallen geistigbehinderten Kindern sehr schwer. Daraus resultieren häufig wiederkehrende Zählfehler, wie z.B.:

- Auslassen von Objekten beim Auszählen
- schnelleres Sprechen als Ausführen einer motorischen Handlung, wie z.B. Klatschen oder Antippen der Objekte, so daß auf **eine** Handlung bzw. **einen** Gegenstand **zwei** Zahlwörter kommen
- zu langsames Sprechen, wobei zwar auf **jedes** zu zählende Objekt getippt wird, einzelne dadurch aber kein Zahlwort erhalten
- Verteilen zweisilbiger Zahlwörter auf zwei Objekte oder Handlungen, z.B. „sie-ben“.

Es ist daher sinnvoll und wichtig, mit den Schülern auch schon ohne das Ziel der Quantifizierung von Mengen bzw. Vorgängen Zählaufgaben durchzuführen, bei welchen sie regelmäßiges Fortschreiten an zu zählenden Objekten bzw. Handlungen nach Maßgabe der gesprochenen, festen Zahlwörterreihe üben können. Dies wird durch das „handlungsbegleitende Zählen“ intendiert. Gleichzeitig wird dadurch der *Übergang zum 3. Zählprinzip*, dem Kardinalzahlprinzip, hergestellt. Wenn das Kind bei Körperbewegungen, beim Ablegen bzw. Aufnehmen von Gegenständen oder beim Malen zählt, muß es zwar noch nicht erfaßt haben, daß das letzte Zahlwort zugleich das zusammenfassende Resultat, also die Anzahl der ausgezählten Objekte bzw. Vorgänge ausdrückt, doch kann sich diese Einsicht dabei allmählich einstellen.

Da in den meisten Klassen an Schulen für Geistigbehinderte der Entwicklungsstand der einzelnen Kinder sehr unterschiedlich ist, wird der Lehrer nicht umhin können, in einer Unterrichtsstunde mit verschiedenen Schülern innerhalb verschiedener Reihen des Lehrgangs arbeiten zu müssen. Bei dieser starken *Differenzierung* sind Flexibilität und Kreativität des Lehrers gefordert, um z.B. mit ein und derselben Übung oder mit den gleichen Medien die z.T. weit auseinanderliegenden Ziele der entsprechenden Reihen für die einzelnen Kinder verfolgen zu können. Bei mehreren Übungen/Spielen werden deshalb exemplarisch *Hinweise zu derartigen Differenzierungsmöglichkeiten* gegeben. Diese sind meist Abänderungen der Übungen für leistungsschwächere Schüler mit Inhalten aus Heft 8.2 dieser Reihe oder für leistungsstärkere Schüler mit Aufgaben zu weiterreichenden Zahlaspekten.

Bei den unterrichtspraktischen Vorschlägen (Übungsfundus) wird die Zuordnung zu den unten angegebenen Lernzielen nicht mehr eigens aufgeführt. Diese kann der Leser unschwer selbst vornehmen. Zudem lassen sich mit vielen Übungen mehrere *verschiedene* Ziele gleichermaßen erreichen.

Die Lernziele der Unterrichtsreihe

Die Schüler sollen

- Zählen als regelmäßigen rhythmischen Vorgang mit der Zähleinheit „eins“ erkennen und durch Zuordnung von je einem Gegenstand oder einer Handlung zu je einem Zählwort (z.B. „eins, eins, ...“) ausdrücken
- die Zahlwörter 1 – 10 (bzw. bis 12) in der richtigen Reihenfolge und Aussprache erlernen
- beim Handeln/sich Bewegen die Zahlwörter und Körperbewegungen korrekt koordinieren (1:1-Zuordnung beim handlungsbegleitenden Zählen von Vorgängen)
- beim Aufnehmen und Ablegen von Gegenständen die Zahlwörter und das Bewegen der Objekte korrekt koordinieren (1:1-Zuordnung beim handlungsbegleitenden Zählen von Gegenständen)
- beim Malen/Kleben/Stempeln u.ä. die Zahlwörter und Handbewegungen korrekt koordinieren (1:1-Zuordnung beim handlungsbegleitenden Zählen von ikonischen Einheiten)

Übungsfundus

● „Die Guten ins Töpfchen..."

Medien:

kleine Schüssel o.ä., getrocknete Erbsen oder Kichererbsen

Durchführung:

Der Lehrer hat das Märchen von Aschenputtel erzählt. Nun dürfen die Schüler Täubchen spielen und Erbsen „zählen". Jedes Kind erhält ein leeres Gefäß (kleine Schüssel, Joghurtbecher o.ä.) und eine Hand-voll Erbsen auf den Tisch gelegt. Diese „zählt" es (halblaut) mit „eins, eins, ..." Stück um Stück in seinen Behälter (vgl. Abb. 8). Es ist darauf zu achten, daß das Kind tatsächlich immer nur *eine* Erbse greift, wenn es jeweils mit dem Wort „eins" zählt.

Variationen:

- „Kassierer" spielen: Die Kinder „zählen" Pfennige aus der Kaufladenkasse oder dem Einsatz einer alten Kaufmannskasse (bzw. aus einer Schachtel als Kassenersatz) auf den Tisch
- Perlen auffädeln, dabei „zählend" aufreihen
- Püppchen, Holztiere und andere homogene Materialien aus der Unterrichtsreihe „Reihenbegriff und Reihenbildung" „zählend" aufreihen.

Abb. 8

● Zahlwörterlied

Abb. 9

Dieses Zahlwörterliedchen (Text und Melodie: F. Reich) kann ebenso wie andere Übungen zum rein verbalen Zählen außer im Rechenunterricht bei allen möglichen Gelegenheiten „eingesetzt" werden, z.B. während diverser Wartezeiten (auf Bus, Essen, Lehrer, Mitschüler), beim Ankleiden für die Pause, beim Aufräumen von Medien/Schulsachen, beim Umkleiden für den Turnunterricht, beim Unterrichtsgang etc. Viel Unruhe unter den Kindern läßt sich so verhindern oder abbauen sowie Zeit für die wichtigen enaktiven (handlungsbegleiteten) Zählaufgaben gewinnen.

● Das wilde Tier

Medien: Tiermaske oder -kopf aus Pappkarton

Durchführung:

Die Schüler gehen im Kreis und singen folgendes Lied (Text und Melodie: volkstümlich):

Abb. 10

Bei „eins, zwei...“ wird mit dem Fuß laut aufgestampft. Ein Kind lauert als wildes Tier (ggf. mit Papiermaske oder Tierkopf „verkleidet“) neben der Tür des Klassenzimmers, an die es um „elf Uhr“ anklopft. Bei „zwölf“ springt es mit Fauchen herbei und schnappt sich aus dem Kreis ein Kind, welches danach das wilde Tier spielen darf (vgl. Abb. 11).

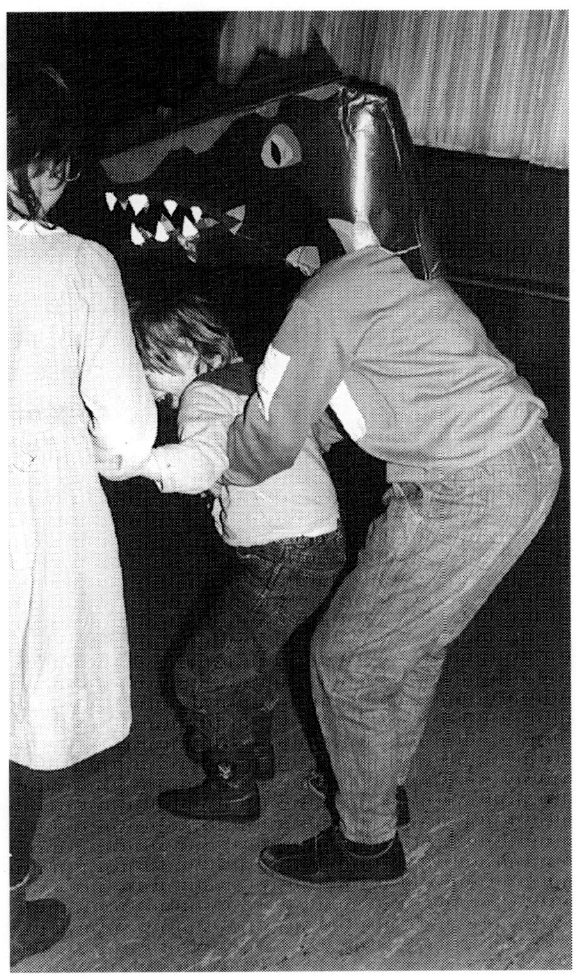

Abb. 11

● Elefantentrott

Vorbemerkung:

Dieses Zähllied beinhaltet (wie die beiden folgenden) die „Stufe des erweiterten Zählaktes“ (Addition mit „1“)[3] und dient somit auch dem Erlernen des Rechenzahlaspektes (Basisstufe)

Durchführung:

Die Kinder stehen im Kreis und singen folgendes Lied (vgl. Abb.12):

Ein Schüler spielt den ersten Elefanten (bildet mit den Armen einen Rüssel), läuft um den Kreis herum und wählt am Ende des Liedes den 2. Elefanten aus usf.

Elefantentrott

Spiel: volkstümlich
Text: Margarete Jehn
Melodie: volkstümlich

2. Zwei Elefanten trotten durch den Wald –
heben ihre Rüssel, die Trompete schallt!
Wolln nicht alleine sich die Welt besehn,
bitten einen andern: Du sollst auch mitgehn.

3. Drei Elefanten...

4. Vier Elefanten...

usw.

Abb. 12 aus:
Spiel mit! Februar 1981, Velber Verlag GmbH, 30926 Seelze; Abdruck mit Genehmigung des Eres Verlages, 28859 Lilienthal, Postfach 12 20, der das Lied erstmals in seinem Buch „28 Kinderspiele aus aller Welt" (Buch und MusiCassette) veröffentlicht hat.
In diesem Buch befindet sich auch das Spiellied „Eins und zwei und drei und vier und fünfe...“, welches sich gut zum Erlernen der ersten 5 Zahlwörter eignet.

[3] vgl. Heft A 8.1 „Anbahnung des Zahlbegriffs bei Geistigbehinderten – Theoretische Einführung“

● Ein kleines Negerlein

Medien:

Handtrommel, Tamburin, Schlagstäbe/Claves, Cazoo, Triangel, Becken, Holzblocktrommel, Kugelrassel/Maracas, Klangstab (mit Schlägel), Schellenkranz

Durchführung:

Die Kinder sitzen im Stuhlkreis. Auf einem Tisch liegen die benötigten Musikinstrumente in der richtigen Reihenfolge (analog zu den Liedstrophen). Ein Kind beginnt als erstes Negerlein und läuft mit der Handtrommel, auf die es im Liedrhythmus schlägt, um den Stuhlkreis. Alle singen das folgende Lied (Melodie: volkstümlich, Text: F. Reich, vgl. Abb. 13). Der erste Musikant wählt den zweiten aus (der dann auf dem Tamburin spielt), dieser bestimmt das dritte Negerlein usf.

Abb. 13

2. Zwei kleine Negerlein, die trommelten so fein,
da kam eins mit den Schlagstäben, so gingen sie zu drei'n.

3. Drei kleine Negerlein, die spielten im Revier,
da bringt ein andres sein Cazoo, und so sind es jetzt vier.

4. Vier kleine Negerlein, die tanzten auf den Strümpf,
ein neues die Triangel holt, da spielen alle fünf.

5. Fünf kleine Negerlein, die feierten ein Fest,
dabei noch eins das Becken spielt, jawohl es sind nun sechs.

6. Sechs kleine Negerlein, die wollten fleißig üben,
doch fehlt die Holzblocktrommel noch, da waren's plötzlich sieben.

7. Sieben kleine Negerlein, die spiel'n bis in die Nacht,
die Rassel ist nun auch zu hör'n, denn jetzt sind es schon acht.

8. Acht kleine Negerlein, die können sich sehr freu'n,
weil eins noch mit dem Klangstab kommt, so spielen ihrer neun.

9. Neun kleine Negerlein, die kann man hier jetzt seh'n,
ein letztes holt den Schellenkranz, so spielen fortan zehn.

10. Zehn kleine Negerlein als Musikanten geh'n,
sie ziehen in der Welt herum und musizieren schön.

Ein ähnliches Lied, welches statt dem o.a. gesungen und gespielt werden kann, ist das Lied „10 kleine Musikanten" von D. Kreusch-Jacob, erschienen in „Das Musikbuch für Kinder" im Ravensburger Buchverlag 1992.

● Zehn kleine Ferkelchen

Medien:

Turnreifen („Teich"), Tamburin („Torte"), 1 Bogen leeres Papier, 2 Schultaschen („Koffer" und „Kiste"), Stühle („Bäckerei", „Papierladen", „Hexenhaus", „Haus")

Durchführung:

Vor Beginn des Spiels werden die Rollen und Utensilien verteilt, und jedes Kind nimmt seinen Platz im Klassenzimmer (oder in der Turnhalle) ein. Das erste „Ferkelchen" läuft um den „Teich" (Turnreifen) herum, in dem das 2. „Ferkelchen" hockt. Entsprechend folgendem Liedtext (Abb.14) kommen nacheinander die weiteren Kinder hinzu. Sie fassen sich jeweils an den Händen und laufen um den Reifen herum oder zu den einzelnen „Stationen", wo das jeweils nächste „Ferkelchen" wartet.

Zehn kleine Ferkelchen

Text: Günter Hugo Magnus

Zwei kleine Ferkelchen
steh'n in der Bäckerei
die Torte wird hereingebracht,
und plötzlich sind es drei!

Drei kleine Ferkelchen
die kauften sich Papier,
sie malen sich ein Brüderchen,
und so sind es nun vier.

Vier kleine Ferkelchen
die waten durch die Sümpf,
ein Storch kommt durch die Luft daher,
und da sind es schon fünf.

Fünf kleine Ferkelchen
besuchen eine Hex,
und Hokus Pokus Fidibus,
da sind es plötzlich sechs.

Sechs kleine Ferkelchen
die haben Max geschrieben,
der hat die Koffer voll gepackt
und so sind es nun sieben.

Sieben kleine Ferkelchen
die irrten durch die Nacht,
und als sie später abgezählt,
da waren's schließlich acht.

Acht kleine Ferkelchen,
die können sich jetzt freun,
eine Kiste kam aus Afrika
und nun sind es schon neun.

Neun kleine Ferkelchen
vor deiner Türe stehn
und holst du sie ins Haus hinein
dann seid ihr alle zehn.

Abb.14 aus: „spielen und lernen – Jahrbuch '80", Velber Verlag GmbH, 30926 Seelze. (Abdruck mit Genehmigung von Frau Olla Magnus und des Velber Verlages)

● Zählreime

Vorbemerkung:

Die folgenden Zählreime können wie das Zahlwörterlied (1. Vorschlag dieser Reihe) „zwischendurch" im Chor gesprochen oder gesungen werden. Sie werden attraktiver, wenn man sie mit rhythmischem Gehen, Klatschen oder (im Turnunterricht) mit Ball- und Stabübungen u.ä. begleitet. Der positive Einfluß der Reime auf das mechanische Auswendiglernen der Zahlwörterreihe beruht „auf der hinreichend abgesicherten Tatsache, daß rhythmisch strukturiertes Material leichter gemerkt und besser behalten wird als ‚Prosatexte',..." (WINTER 1987, 61f).

Eins, zwei, ***drei***,[4]
wie ich mich *freu*,
bin nicht mehr *klein*,
*zäh*le schon *fein*.

Eins, zwei, drei, **vier**,
Vater trinkt ein Bier,
vier, drei, zwei, eins,
Mutter, die trinkt keins.
(Mit Vor- und Rückwärtsgehen)

Eins, zwei, drei, vier, **fünf**,
kauf mir ein paar Strümpf,
nicht zu groß und nicht zu klein
fürs rechte und fürs linke Bein.

Eins, zwei, drei, vier, fünf und **sechs**
wir besuchen eine Hex,
wir gehen in den Wald hinaus
und suchen dort das Hexenhaus.

Eins, zwei, drei, vier,
fünf, sechs, **sieben**,
in der Schule wird geschrieben,
in der Schule wird gelacht,
wenn der Lehrer Witze macht.

Eins, zwei, drei,
vier, fünf, sechs,
*sie*ben und ***acht***,
hast du auch *heu*te
schon *herz*haft ge*lacht*?
Eins, zwei, drei,
vier, fünf, sechs,
*sie*ben und *acht*,
ich *wünsch* Dir von *Her*zen,
ne *recht* gute *Nacht*.

Eins, zwei, drei,
vier, fünf, sechs,
*sie*ben, acht, ***neun***,
*Kin*der, wie *kön*nen wir
*heu*te uns *freu'n*,
Scheint doch die *Son*ne
so *schön* durch die *Bäum*'!
Eins, zwei, drei,
vier, fünf, sechs,
*sie*ben, acht, *neun*.

Eins, zwei, **drei**,
alt ist nicht neu,
neu ist nicht alt,
wir zählen bald!

Eins, zwei, drei, vier,
fünf, sechs, **sieben**,
wo ist denn mein Schatz
geblieben?
Ist nicht hier, ist nicht da,
ist wohl in Amerika.

---

[4] kursiv geschriebene Silben/Wörter = Silben/Wörter werden *betont*

Eins, zwei, drei, vier, fünf und sechs,
einmal fing ich eine Hex,
sieben, acht und neun und **zehn**,
doch ich ließ sie wieder gehn.

„Das Vogeleinmaleins" (DIESTEL 1985[5], 14)

Eins, eins, dies Nestlein ist meins!
Zwei, zwei, wir sitzen in der Reih'!
Drei, drei, wir zwitschern dabei!
Vier, vier, wir fliegen zu dir!
Fünf, fünf, du hast so hübsche Strümpf'!
Sechs, sechs, mach ja keinen Klecks!
Sieben, sieben, wir wollen uns lieben!
Acht, acht, wir sagen Gute Nacht!
Neun, neun, wir schwirren über die Zäun'!
Zehn, zehn, wir sind nicht mehr zu sehn...

● Zählchor

Vorbemerkung:

Das verbale oder abstrakte Zählen kann auch ohne Lieder und Reime abwechslungsreich gestaltet werden, wenn die Zahlenreihe in verschiedenen Rhythmen und Lautstärken gesprochen oder mit einfachen Körperbewegungen (siehe auch die folgenden Vorschläge) begleitet wird. Im letzteren Fall ist außer dem Prinzip der stabilen Ordnung auch schon die 1:1-Zuordnung von Zählwort und Handlung zu beachten (handlungsbegleitendes Zählen von Vorgängen).

Medien:

Tamburin oder Handtrommel

Durchführung:

Die Kinder sprechen im Chor (gemeinsam mit dem Lehrer) einen Teil der Zahlwörterreihe (oder die ganze von 1 – 10 bzw. 12) nach verschiedenen Rhythmen. Bei den betonten Zahlen schlägt der Lehrer je einmal auf ein Tamburin und gibt so den Takt vor. Man kann die unbetonten Zahlen auch nur flüstern oder bei den betonten in die Hände klatschen bzw. mit der flachen Hand auf den Tisch klopfen.

Mögliche Rhythmen:
- **1**,2, **3**,4, **5**,6, **7**,8, **9**,10[5]
- 1,**2**, 3,**4**, 5,**6**, 7,**8**, 9,**10**
- **1**,2,3, **4**,5,6, **7**,8,9, **10**
- 1,2,**3**, 4,5,**6**, 7,8,**9**
- 1,**2**,3, 4,**5**,6, 7,**8**,9
- 1,2,3,**4**, 5,6,7,**8**, 9,10,11,**12**
- **1**,2,3,4, **5**,6,7,8, **9**,10,11,12
- **1**,**2**,3,4, **5**,**6**,7,8, **9**,**10**,11,12
- **1**,2,3,**4**, **5**,6,7,**8**, **9**,10,11,**12**
- **1**,2,3,4,5, **6**,7,8,9,10 (u.ä.)

Variationen:

– Die Schüler stellen sich in zwei Reihen einander gegenüber. Abwechselnd wird nun im Zweierrhytmus gezählt, wobei auf die Kinder der einen Reihe die betonten Zahlen kommen (sie sprechen laut und klatschen einmal dabei) und auf die der anderen die unbetonten (sie sprechen leise und verneigen sich dabei vor dem jeweils gegenüberstehenden Kind). Beide Zweierrhythmen (**1**,2, **3**,4, ... und 1,**2**, 3,**4**, ...) können so geübt werden.

– Die Kinder fassen sich alle an der Hand und bilden eine lange Reihe (im Turnraum oder im Freien). Alle beginnen mit dem gleichen Fuß und gehen mit rhythmischem Singsang im Zweier- oder Viererrhythmus durch die Turnhalle bzw. über die Wiese. Dabei wird mit dem Fuß aufgestampft, wenn die betonten Zahlwörter gesprochen werden (vgl. Abb.15). Man kann statt *einer* Reihe auch Zweier-, Dreier-, oder Vierergruppen bilden.

– Wir gehen gemeinsam (in Gruppen à 3 – 6 Kindern, je nach Treppenbreite) die Schultreppe hinauf und hinunter, wobei im Zweierrhythmus gezählt wird (analog zur o.a. Übung).

– Die Schüler sprechen die Zahlwortreihe von 1 – 10 im Zweierrhythmus. Es wird eine (unbetonte!) Zahl vereinbart, die nicht mehr ausgesprochen werden darf. Statt dessen können die Kinder auf den Tisch klopfen oder in die Hände klatschen. Wer die ausgemachte Zahl dennoch spricht, scheidet aus diesem „Spiel" aus. Dies kann man solange wiederholen (ggf. immer schneller), bis ein Kind als Sieger übrig bleibt.

Abb. 15

[5] fettgedruckt = betonte Zahlen

● „Ist die Maus zu Haus?“

Durchführung:

Das Spiel wird am besten in der Turnhalle oder im Freien durchgeführt, wobei der Raum begrenzt werden sollte, innerhalb dessen die „Jagd“ stattfinden darf.

Die Schüler fassen sich an den Händen und bilden einen Kreis („Haus“). Zwei Kinder stehen als Katze und Maus – an gegenüberliegenden Stellen – außerhalb des Kreises. Die Katze ruft: „Ist die Maus zu Haus?“ Nachdem die Maus verneint hat, fragt sie weiter: „Wann kommt die Maus nach Haus?“ Die Maus nennt eine Zahl zwischen eins und zehn bzw. zwölf als Uhrzeit. Nun zählen alle Schüler gemeinsam bis zur genannten Zahl/Zeit. Daraufhin schlüpft die Maus in den Kreis. Die Katze fragt nun die Kinder, ob die Maus jetzt zuhause sei. Nachdem diese bejaht haben, will sie ins „Haus“ eindringen, doch die Kinder bremsen: „Du mußt erst anklopfen!“ Die Katze stampft drei- bis zehnmal (vorher festgelegt!) mit dem Fuß auf den Boden („Anklopfen“). Alle zählen laut mit. Bei der letzten Zahl springt die Katze in den Kreis (die Maus ggf. schon wieder heraus), die Jagd beginnt (inner- und außerhalb des Kreises, in dem festgelegten Terrain). Ist die Maus gefangen, darf sie die zwei Kinder bestimmen, welche als nächstes Katze und Maus spielen.

● **Klatsch- und Stampfrhythmen**

Vorbemerkung:

Zur Einprägung der Zahlwortreihe bis drei (bzw. vier) und der *gleichzeitigen* Übung der Koordination von Zahlwort und motorischer Einheit sind besonders rhythmische Klatsch- und Stampfübungen geeignet. Werden dazu gar kurze, spontan verfaßte Reime gesprochen, läßt sich die Motivation der Kinder noch erhöhen.

Dreierrhythmus

Durchführung:

Die Kinder stehen im Kreis (ohne sich anzufassen) und verbalisieren wiederholt die Zahlwörter 1,2,3, wobei auf „1“ in die Hände geklatscht, auf „2“ mit dem rechten Fuß und auf „3“ mit dem linken Fuß aufgestampft wird (vgl. Abb.16). Zwischendurch kann dazu ein Reim im gleichen Rhythmus/Versmaß gesprochen werden, z.B.:

„**1**,2,3, **1**,2,3, **1**,2,3, **1**,2,3,
ist heut' die **Schu**le aus, **fahrn** wir ganz **schnell** nach Haus,
1,2,3, **1**,2,3, **1**,2,3, **1**,2,3“.[6]

Analog läßt sich auch der Dreierrhythmus mit Betonung auf der „3“ üben. Nun stampfen die Kinder auf „1“ und „2“ und klatschen auf „3“:

„1,2,**3**, 1,2,**3**, 1,2,**3**, 1,2,**3**,
auf dem **Weg** hin zum **Ziel** wird mir **gar** nichts zu **viel**,
1,2,**3**, 1,2,**3**, 1,2,**3**, 1,2,**3**“.

Abb. 16

[6] fettgedruckt = betonte Zahlen oder Silben

Variationen:

- Statt (bei den unbetonten Zahlwörtern) mit den Füßen zu stampfen, bewegen die Kinder gleichzeitig beide Hände (mit gestreckten Fingern) in waagerechter Haltung zweimal nach unten (wie beim Ballprellen – vgl. Abb.17). Beim betonten Zahlwort wird geklatscht.
- Die Kinder sitzen an ihren Tischen. Sie schlagen mit der flachen Hand bei „1" (bzw."3") auf den Tisch, bei den unbetonten Zahlwörtern tippen sie mit allen Fingerspitzen je einmal auf dessen Oberfläche.
- Die Schüler sitzen auf den Stühlen, klatschen beim betonten Zahlwort in die Hände und bei den beiden unbetonten je einmal auf ihre Oberschenkel.
- Alle Kinder stehen im Kreis und fassen sich an den Händen, die Arme sind nach oben gestreckt. Auf „1" werden die Arme nach unten bewegt, bei „2" stampfen alle mit dem rechten Fuß auf, bei „3" mit dem linken Fuß, wobei die Arme wieder hochgenommen werden usf.

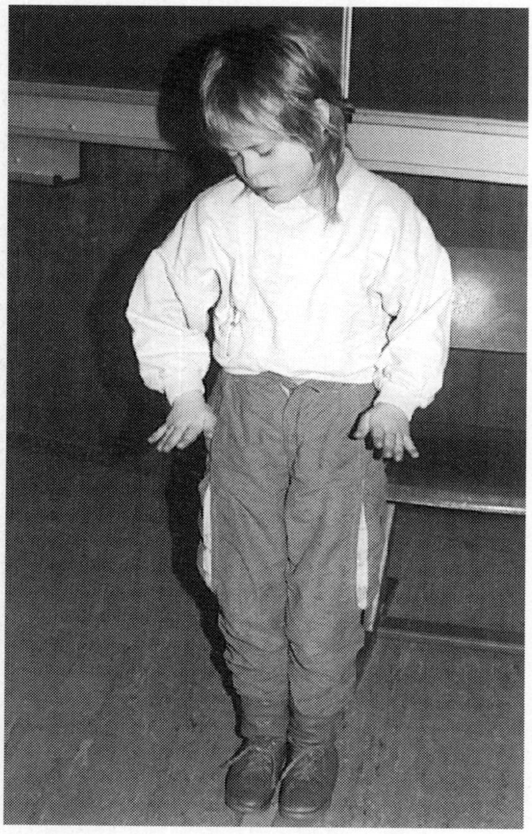

Abb. 17

Viererrhythmus

Der einfache Viererrhythmus mit Betonung auf „1" läßt sich folgendermaßen üben: bei „1" wird geklatscht, auf „2", „3" und „4" abwechselnd mit dem rechten und linken Bein leicht gestampft.

„**1**,2,3,4, **1**,2,3,4,
klatsch recht heftig, **stampf** nicht kräftig,
1,2,3,4, **1**,2,3,4".

Wird beim Viererrhythmus das erste *sowie* das vierte Zählwort betont, kann man beispielsweise auf „1" und „4" klatschen, auf „2" und „3" mit dem rechten bzw. linken Fuß stampfen, oder es fassen sich alle Kinder mit hochgestreckten Armen an den Händen (Kreis) und bewegen die Arme bei „1" kräftig nach unten, stampfen bei „2" mit dem rechten, bei „3" mit dem linken Fuß und bewegen bei „4" die Arme wieder nach oben (ohne dabei die Hände loszulassen).

„**1**,2,3,**4**, **1**,2,3,**4**,
sieh diese **Tür**, **dort** stand das **Tier**,[7]
1,2,3,**4**, **1**,2,3,**4**".

oder:

„**1**,2,3,**4**, **1**,2,3,**4**,
erzähle **mir**, **wie** geht es **dir**?
1,2,3,**4**, **1**,2,3,**4**".

[7] bezieht sich auf das Lied und Spiel vom „wilden Tier", 2. Beispiel der Reihe

● **Füße und Hände aufwecken**

Durchführung:

Morgens, zu Beginn des Unterrichts, sind manche Kinder noch sehr müde. Wir recken uns und strecken uns, dann werden Füße und Hände aufgeweckt (alle Kinder stehen im Kreis oder neben ihren Stühlen, die Hände auf dem Rücken):

- dreimal mit der rechten Fuß*spitze* leise auf*tippen:* 1,2,3 (flüstern)
- dreimal mit der rechten Fuß*sohle* leise auf*treten:* 1,2,3 (leise sprechen) – vgl. Abb.18a
- dreimal mit dem rechten Fuß laut *stampfen:* 1,2,3 (laut sprechen)
- dreimal die *Fingerspitzen* beider Hände zusammen*tippen:* 1,2,3 (flüstern) – vgl. Abb.18b
- dreimal die *Handflächen* zusammen*drücken* (leise): 1,2,3 (leise sprechen)
- dreimal in die Hände *klatschen:* 1,2,3 (laut sprechen/rufen)

Dasselbe wird mit dem linken Fuß wiederholt, worauf nochmals die Hände „geweckt werden“.

Diese Übung kann man auch im *Vierertakt* durchführen.

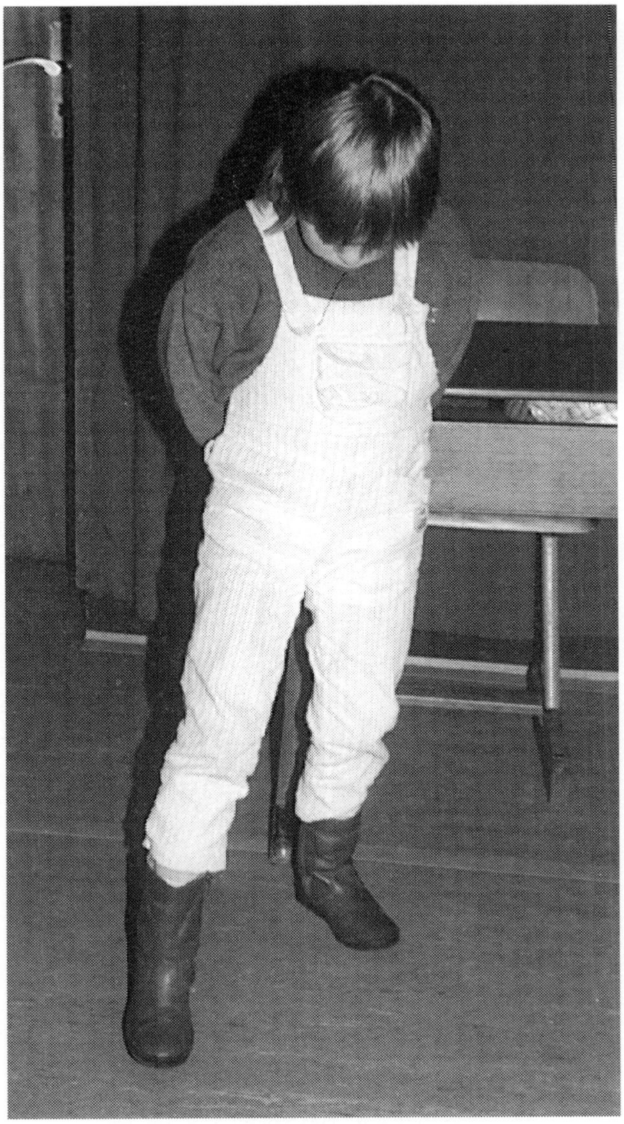

Abb. 18a

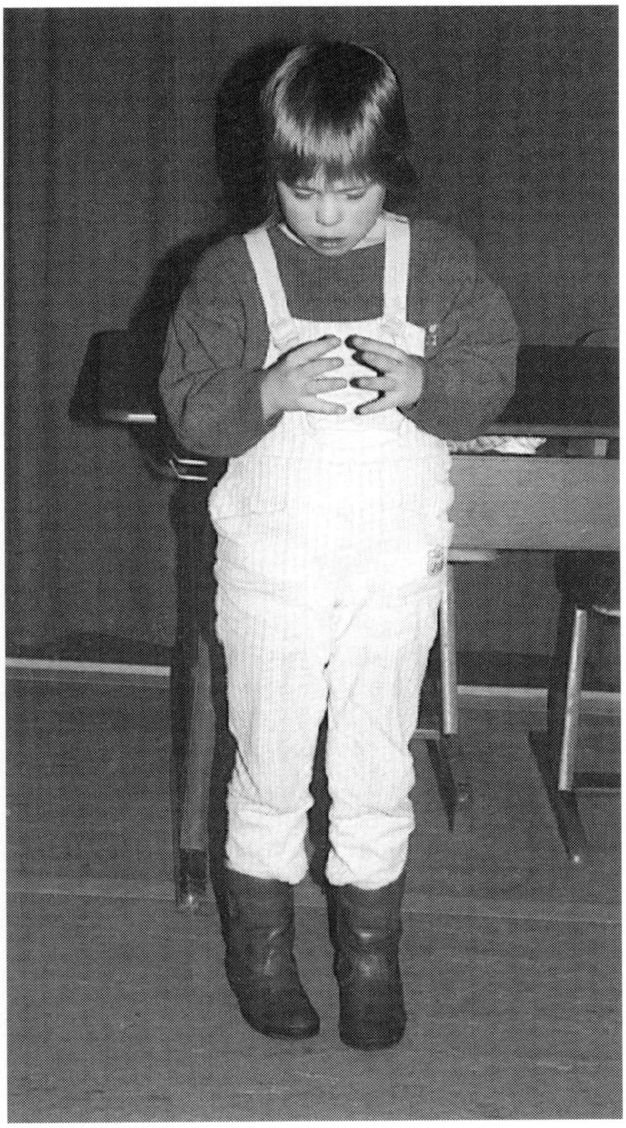

Abb. 18b

● „... ein Hut, ein Stock, ein Regenschirm ...“

Vorwort:

Folgenden Vers, bei dem es auf die exakte Koordination von Wort und Bewegung ankommt (auf jedes Wort/jede Silbe erfolgt genau ein Schritt), sprechen die Schüler meiner Erfahrung nach sehr gerne auf Unterrichtsgängen. So manches müde oder gehunwillige Kind wird dadurch zu zügigem Schritt ermuntert. Man kann die Zähl- und Zuordnungsübung auch in der Turnhalle ausführen.

Durchführung:

Die Schüler gehen in einer Reihe oder in Gruppen neben- bzw. hintereinander und verbalisieren dazu:

„Und eins und zwei und drei und vier,
ein Hut, ein Stock, ein Regenschirm,
und vorwärts, rückwärts, seitwärts, ran.
Und eins und zwei...“

Sie beginnen alle mit dem linken Fuß und schreiten im gleichen Rhythmus voran. Bei „und“ (vor „vorwärts“) halten sie an, setzen bei der Silbe „vor-“ den rechten Fuß nach vorn, bei „-wärts“ den linken Fuß parallel daneben, bei „rück-wärts“ analog nach hinten, auf „seit-“ den rechten Fuß zur Seite, bei „-wärts“ den linken Fuß seitlich (→Grätschstellung), auf „ran“ den rechten Fuß wieder parallel neben den linken, und es geht mit dem linken Fuß von vorne los: „Und eins...“

Bei Kindern mit grobmotorischen Koordinationsproblemen wird die Schrittfolge „...und vorwärts...“ ganz langsam ausgeführt, wobei der Lehrer ggf. jeden Schritt als Modell vormacht und die Schüler imitieren.

● Das Eichhörnchen klettert

Medien:

Kupferstäbe (Eurythmiestäbe) oder Turnstäbe aus Holz

Durchführung:

Jedes Kind erhält einen Stab („Baum“), den es am unteren Ende senkrecht mit beiden Händen (übereinander) vor sich hält. Die Hände stellen Eichhörnchen dar, die den Baum hochklettern. Dabei müssen die Schüler Hand über Hand setzen, parallel zum gesprochenen/gesungenen Zahlwort (vgl. Abb.19). Sie singen z.B. in Tonleiterfolge (aufwärts) die Zahlwortreihe von eins bis acht. Ist das „Eichhörnchen“ oben angekommen, klettert es auf die gleiche Weise wieder hinunter. Diese Übung wird mehrmals wiederholt, wobei man darauf achten muß, daß die Hände nicht schneller/langsamer als das gesungene Wort bewegt werden.

Differenzierungsmöglichkeit:

Fortgeschrittene Schüler können beim *Ab*wärtsklettern die Zahlwortreihe *rückwärts* singen.

Variationen (weitere Stabübungen):

– Die Schüler fassen den Stab waagrecht von oben mit beiden Händen (Abstand: etwa Schulterbreite) und halten ihn mit gestreckten Ar-

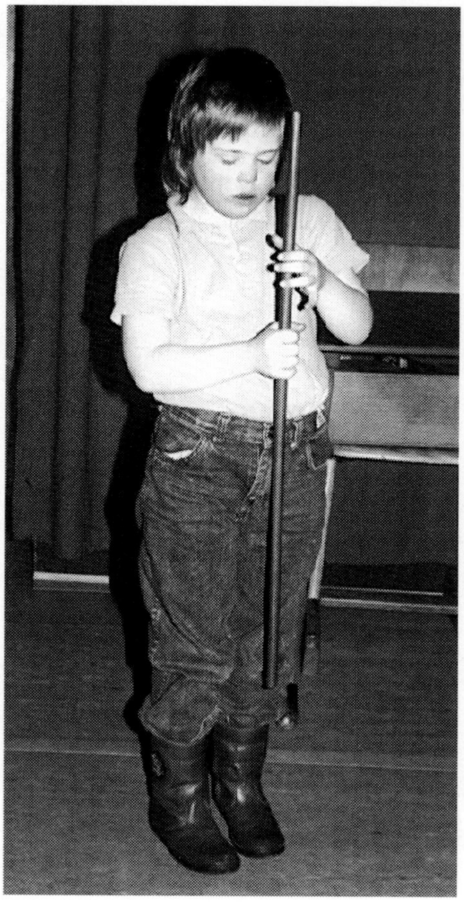

Abb. 19

men in Bauchhöhe vor sich. Wir zählen rhythmisch bis 3, wobei auf „1“ die gestreckten Arme nach unten bewegt werden, auf „2“ wieder in Bauchhöhe sowie auf „3“ hoch über den Kopf. Mit „und“ bringen wir sie in die Ausgangslage zurück, um mit „1“ wieder von vorne beginnen zu können.

- Die Kinder halten den Stab wie bei der oben beschriebenen Übung in Bauchhöhe vor sich. Es wird jetzt von 1 bis 5 gezählt bzw. gesungen (z.B. auf die Töne g,e,g,a,g), wobei die Schüler folgende Bewegungen ausführen:
  auf „1“: den Stab mit gestreckten Armen nach oben führen (vgl. Abb. 20a)
  auf „2“: den Stab mit gestreckten Armen nach unten führen
  auf „3“: den Stab nach rechts in die Senkrechte (vor dem Körper) drehen, wobei der linke Arm nach oben geführt wird (die Hände verändern den Griff nicht) – vgl. Abb. 20b
  auf „4“: den Stab nach links in die Senkrechte drehen, der rechte Arm geht hoch (vgl. Abb. 20c)
  auf „5“: den Stab wieder in Bauchhöhe führen (Arme gestreckt)
  auf „1“: erneut den Stab nach oben führen usf.

Diese Übung erscheint beim Lesen vermutlich als schwierige Abfolge, wird meiner Erfahrung nach von den Kindern jedoch schnell erlernt und sehr gerne durchgeführt, da es sich um eine harmonische Bewegungsfolge handelt. Es ist auch eine in der anthroposophischen Heilpädagogik beliebte eurythmische Stabübungsfolge.

Schüler, welche mit der Übung noch nicht zurechtkommen, werden zunächst geführt (der Lehrer stellt sich hinter das Kind), bis sich die Bewegungsabfolge automatisch „eingeschliffen“ hat.

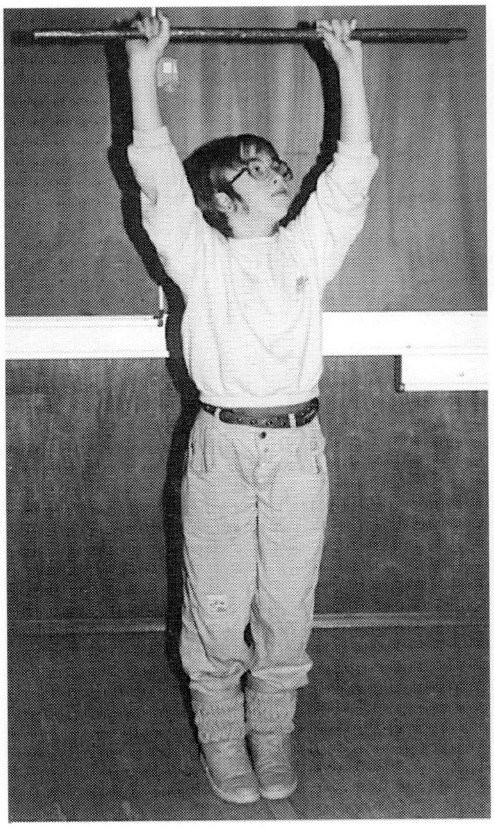

Abb. 20a

Abb. 20b

Abb. 20c

● Ballübungen

Medien:

ein nicht zu schwerer, „handlicher“ Ball, ggf. ein Stoffball

Durchführung:

Die Kinder stehen im Kreis. Eines beginnt laut und deutlich „eins“ zu sagen und dabei den Ball einem beliebigen Kind zuzuwerfen. Dieses wirft ihn wiederum mit „zwei“ einem weiteren Kameraden zu usf. (vgl. Abb. 21a und 21b). Es ist darauf zu achten, daß pro „Runde“ jedes Kind nur einmal den Ball erhält. Wer einen Zählfehler macht oder den Ball einem Kind zuwirft, welches diesen schon hatte, scheidet aus. Je weniger Kinder übrigbleiben, um so schneller wird gezählt und geworfen.

Variationen:

- Die Kinder zählen nicht beim Werfen, sondern nennen beim Auffangen des Balles die jeweils nächste Zahl.
- Die Schüler stehen im Kreis und werfen den Ball *der Reihe nach* „zählend“ einander zu (mal in die eine, mal in die andere Richtung). Sie können sich auch in einer langen Reihe aufstellen.
- Die Kinder stehen in zwei Reihen einander gegenüber. Der Ball wird nun (gleichfalls mit Verbalisieren des entsprechenden Zahlworts beim Werfen oder Auffangen) zum jeweils gegenüberliegenden bzw. nächsten Kind der anderen Reihe geworfen.

Abb. 21a

Abb. 21b

● „...und du bist weg! „

Vorbemerkung:

Bei den folgenden Abzählversen handelt es sich im mathematischen Sinne weder um *Ab*zählen (= zählendes Herstellen einer Menge nach vorgegebener Anzahl) noch um *Aus*zählen (= Anzahlermittlung einer vorgegebenen Menge). Vielmehr wird mit einem Zählvers aus einer Reihe von Kindern *ein* Kind ermittelt, welches nach Ausscheiden der anderen übrigbleibt, oder man legt eine Rangfolge unter den Kindern „abzählend" fest. Geübt werden durch solche Abzählverse sowohl das abstrakte Zählen (Einprägung der Zahlwortreihe) als auch die korrekte 1:1-Zuordnung zwischen Zahlwort bzw. Silbe und Handbewegung des „abzählenden" Kindes (Zeigen oder Tippen auf ein Kind).

Im Unterricht bietet sich dieses „Abzählen" u.a. an, wenn die Schüler miteinander wetteifern, wer bei bestimmten Dingen beginnen bzw. der erste sein darf, oder in welcher Reihenfolge die Kinder drankommen, z.B.:
„Wer beginnt heute mit dem Erzählen vom Wochenende?"
„Wer putzt die Tafel ab?"
„In welcher Reihenfolge wird gewürfelt?"
Falls genügend Zeit vorhanden ist, zählen wir schnell einmal ab.

Durchführung:

Die Kinder stehen im Kreis. Ein Kind zählt ab. Wer ausgeschieden ist, setzt sich an seinen Platz. Je nach Zählumfang der Kinder werden entsprechende Verse ausgewählt.

Abzählverse:

Eins, zwei, **drei**,
Butter im Brei,
Salz im Speck,
du mußt weg!

Eins, zwei, **drei**,
rische, rasche, rei
rische, rasche, Plaudertasche,
du bist frei!

Eins, zwei, drei, **vier**,
was bringst du mir?
Kuchen oder Wein?
Draußen mußt du sein!

Eins, zwei, drei, **vier**,
wer sitzt denn hier?
Hier sitzt eine Maus
und du bist drauß'!

Eins, zwei, drei, vier, **fünf**,
strick mir ein paar Strümpf,
nicht zu groß und nicht zu klein,
draußen sollst du sein!

Eins, zwei, drei, vier, fünf und **sechs**,
im Wald da wohnte eine Hex,
die schob das gute Gretelein
in den heißen Ofen rein,
nun kann sie nicht mehr raus,
und du bist aus!

Eins, zwei, drei, vier, fünf, sechs, **sieben**,
eine alte Frau kocht Rüben,
eine alte Frau kocht Speck,
und du bist weg!

Eins, zwei, drei,
du bist nicht frei.
Vier, fünf, sechs,
du bist verhext.
Sieben, acht, **neun**,
drauß' mußt du sein!

Eins, zwei – Polizei,
drei, vier – Offizier,
fünf, sechs – alte Hex,
sieben, acht – gute Nacht,
neun, **zehn** – du mußt gehn!

Differenzierungsmöglichkeit:

Die Abzählverse eignen sich hervorragend als Übung zum *Ordnungszahlaspekt*. Es wird nicht nur „abgezählt", wer als erster an der Reihe ist, vielmehr wird eine Rangfolge festgelegt. Der Lehrer schreibt die Ordnungszahlen (1.,2.,...) an die Tafel untereinander. Beim „Abzählen" schreiben die Kinder in der Reihenfolge ihres Ausscheidens ihre Namen (ggf. mit Lehrerhilfe) hinter die Ziffern an der Tafel. Das „abzählende" Kind erhält den letzten Platz. Sitzen alle Schüler wieder an ihren Plätzen, kann nachgefragt werden: „Wer ist als 3. (bzw. 6. bzw. 1. ...) dran?"

Abb. 22

● **Hüpfekästchen**

Medien:

Kreide, ein kleiner Stein

Durchführung:

Mit feuchter Kreide wird im Klassenzimmer oder Turnsaal eines der unten angeführten Hüpfekästchen aufgemalt (vgl. Abb. 23). Die Kinder sitzen auf ihren Plätzen oder auf Stühlen/Bänken/Matten um das „Kästchen" herum. Ein Schüler wirft einen Stein in eines der Felder und hüpft auf einem Bein (oder hopst mit beiden Füßen bzw. geht) laut zählend zu diesem Feld. Die übrigen Kinder zählen ebenfalls laut mit und achten darauf, daß er kein Feld überspringt sowie nicht zweimal auf einem oder zwischen zwei Feldern hüpft oder die vorgeschriebene Route verläßt. Ist das Kind beim Stein angekommen, hebt es diesen auf und hüpft (bzw. hopst bzw. geht) mit ihm (gleichfalls zählend) zurück. Es übergibt den Stein einem anderen Schüler, der dann an der Reihe ist.

Differenzierungsmöglichkeiten:

- In die einzelnen Felder können *Ziffern* geschrieben werden. Die Wege sind dann durch die Ziffern vorgegeben, deren Reihenfolge sich so einprägen kann.
- „Wie oft mußt du hüpfen, bis du beim Stein bist?" (*Operatoraspekt*)
- Es wird mit Kreidestrichen auf dem Boden vor jedem Kind festgehalten, wie oft es gehüpft ist. Nach zwei und allen weiteren Durchgängen wird ausgezählt. (*Kardinalzahlaspekt*)
- „Wohin mußt du den Stein werfen, damit du gleich oft gehüpft bist wie der Schüler X? Wieviele Striche fehlen dir noch?" (Ergänzungsaufgaben – *Rechenzahlaspekt*)
- „Wer ist weiter gehüpft, Schüler X oder Schüler Y?" (*Maßzahlaspekt;* Kontrolle durch Nachzählen der Felder)
- „Wer ist (nach mehreren Durchgängen) der erste, zweite, dritte, ...?" (Striche zusammenzählen und Rangreihe ermitteln – *Ordnungszahlaspekt*)

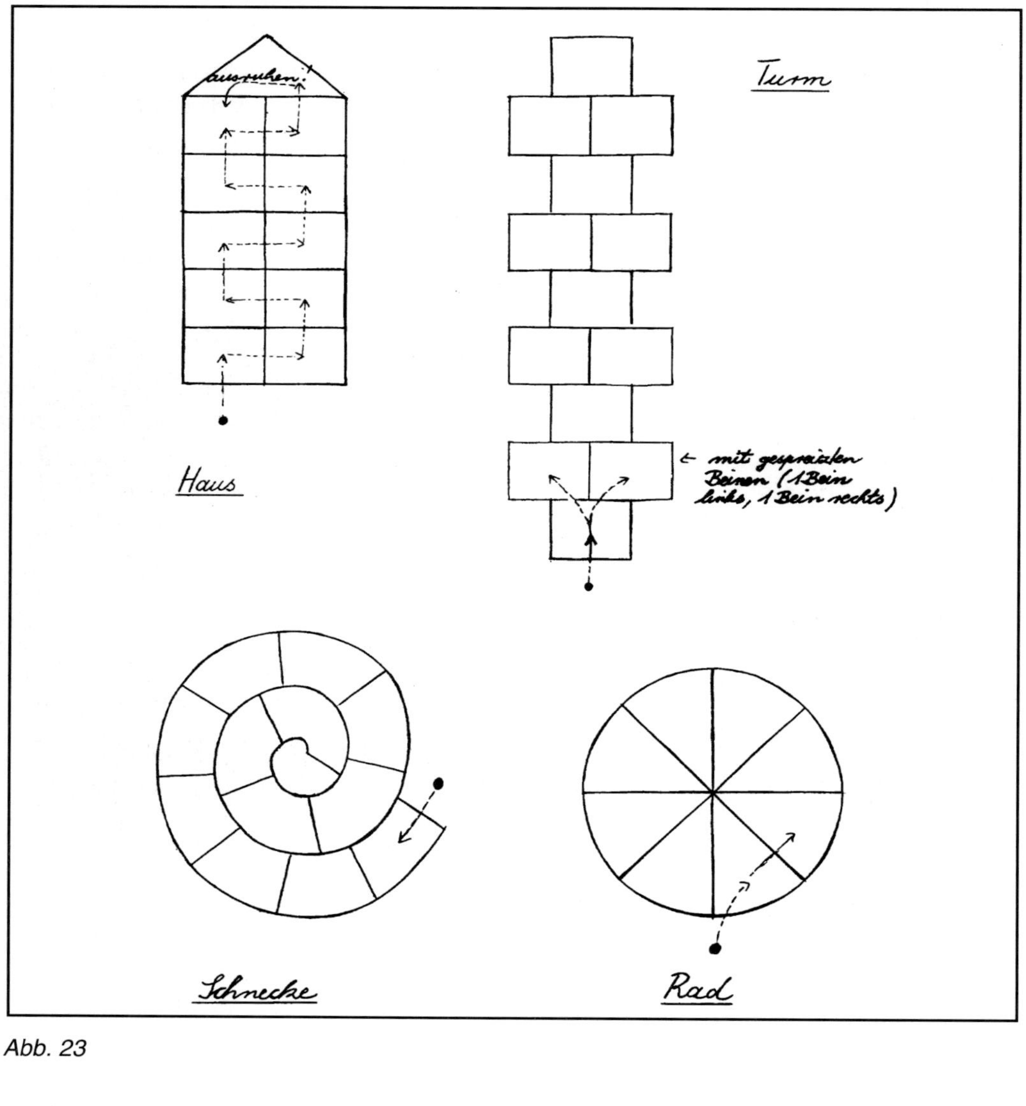

Abb. 23

● Auf dem Weg zum Stall

Vorbemerkung:

Beim folgenden sog. handlungsbegleitenden Zählen von Gegenständen muß das Kind die *korrekte Koordination* der Muskelbewegung seiner Hand beim Wegrücken der zu zählenden Gegenstände mit der Aussprache der Zahlwörter erlernen (1:1-Zuordnung zwischen Handlung und Zahlwort). Es spielt noch keine Rolle, *wieviele* Dinge aufnehmend bzw. ablegend gezählt werden. Die *Zählhandlung* steht im Vordergrund, noch nicht das Ergebnis, also der kardinale Aspekt.

Medien:

Holztiere (Kühe, Schafe, Schweine u.a.), ggf. Begrenzungen als „Wiese" oder „Stall" (z.B. Schuhkartondeckel, Schnur, Papiertaschentuch)

Durchführung:

Jedes Kind hat einige Holzkühe (oder Schafe bzw. Schweine) ungeordnet auf der „Wiese" (Taschentuch o.ä.) stehen. „Abends" gehen die Kühe in den „Stall". Sie laufen nacheinander, wobei die Kinder ihre Tiere halblaut zählend in einer Reihe (*hinter*einander) aufstellen (vgl. Abb. 24a). Im „Stall" (z.B. an der Tischkante) werden die Kühe, wiederum zählend, *neben*einander plaziert und anschließend („nachts") zählend niedergelegt.

„Am nächsten Morgen" gehen sie wieder auf die „Wiese", jedoch nicht alle, eine oder zwei Kühe bleiben im „Stall" (vgl. Abb.24b). Wieder reihen die Schüler die Tiere zählend auf. Vom erneut ungeordneten Zustand auf der Wiese werden sie abermals hintereinander („auf dem Heimweg") aufgestellt. Stets wird (wegrückend) gezählt.

Abb. 24a

Variationen:

- „Kinder" (Püppchen) „gehen" vom „Schulhof" (Tischset o.ä.) in die „Klasse" oder stellen sich im „Turnunterricht" in einer Reihe auf.
- Wir bauen eine Stadt/ein Dorf, wobei Häuser, Bäume, Autos zählend aufgereiht werden.

Fast alle Beispiele zur Unterrichtsreihe „Reihenbegriff und Reihenbildung" (vgl. Heft A 8.2 dieser Reihe) eignen sich zum handlungsbegleitenden Zählen von Gegenständen.

Differenzierungsmöglichkeiten:

- Übungen zur Reihenbildung und periodischen Abfolge mit den hier angeführten Gegenständen
- Übungen zum Zahlbegriff „1": erstes „Zählen" („eins, eins, eins ..." – vgl. Heft A 8.2) sowie Differenzierung von „eins" und „viele" (viele Kühe – ein „Stall", jede Kuh erhält im „Stall" etwas zum Fressen, z.B. pro Kuh eine Erbse = „Futter")
- Anzahlbestimmungen können durchgeführt werden (*Kardinalzahlaspekt*)
- Additions- und Subtraktionsaufgaben ergeben sich durch das Kommen und Gehen der Tiere (*Rechenzahlaspekt*)

Abb. 24b

● Kassensturz

Medien:

Pfennige oder Spielgeldmarkstücke, Behälter als Kasse (z.B. kleine Schälchen, Dias-Kästchen o.ä.)

Durchführung:

Die Schüler sind Kassierer im Lebensmittelladen (Supermarkt/Bekleidungsgeschäft o.ä.). Jedes Kind erhält eine „Kasse" mit einigen (ca. 6 – 10) Pfennigen oder Spielgeldmarkstücken. „Am Abend" zählen die „Kassierer" nach, wieviel Geld sie haben. Stück für Stück wird zählend auf dem Tisch aufgereiht (vgl. Abb. 25). Ein später „Kunde" bringt nochmals einige Geldstücke ein. Alles Geld wird zusammen in die „Kasse" zurückgelegt und erneut zählend ausgebreitet.

Variationen:

- Regale einräumen: Zählend werden kleine Schachteln, Dosen, Fläschchen (u.ä. aus dem Kaufladen) in „Regale" (Papierstreifen) eingereiht.
- Obst einkaufen: Zählend wird Plastikobst in Einkaufskörbchen (aus Pappe gebastelt) gelegt.

Abb. 25

- Alle Beispiele zur Erarbeitung der Zähleinheit „eins" (vgl. Heft A 8.2 dieser Reihe) wie Erbsen zählen, Besteck/Geschirr einräumen usw. eignen sich auch für diese Zählintention.

● „Bücherregal einräumen"

Medien:

Tafel, bunte Kreide, Arbeitsblätter

Durchführung:

Der Lehrer zeichnet ein Bücherregal an die Wandtafel. Es soll sein Regal zuhause darstellen. „Ich mußte alle Bücher ausräumen, um einmal gründlich abzustauben. Nun wollen wir sie wieder ins Regal stellen. Wer hilft dabei?" Ein Schüler geht an die Tafel. „Male ‚Bücher'(Rechtecke oder Striche) auf das oberste Brett. Zähle!". Das Kind malt *laut zählend* einige Rechtecke oder Striche als Büchersymbole in die oberste Reihe. Ein anderes „räumt" dieses Brett voll oder beginnt, das zweite mit Büchern zu füllen (maximal mit 10 – 12 Büchern pro Reihe). So wird nach und nach das ganze Regal wieder „eingeräumt".

Auf Arbeitsblättern wiederholen die Schüler die Aufgabe (vgl. Abb. 26, verkleinerte Arbeitsblätter). Der Lehrer geht von Kind zu Kind und überprüft, ob die 1:1-Zuordnung von ‚Strich malen' und ‚Zahlwort sprechen' schon beherrscht wird. Andernfalls muß man noch häufig (mit verschiedensten Beispielen) an der Tafel üben.

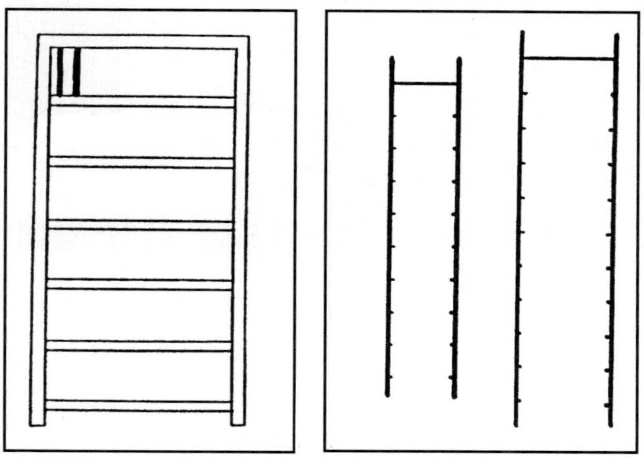

Abb. 26

Variationen:

(jeweils halblaut vor sich hin zählend)

- Sprossen in Leitern malen (ggf. Ansatzstellen vorgeben, damit nicht zu viele gemalt werden und dadurch Zählfehler entstehen – vgl. Abb. 26)
- Knöpfe an Mäntel malen
- Teller auf Tische malen
- Blumen in Beete/auf die Wiese malen
- Äpfel an Bäume malen
- Wolken an den Himmel malen
- Luftballons an Schnüre malen
- Fenster in Häuser malen
- alle Beispiele zur Reihenbildung

Die Unterrichtsreihe „Häufigkeiten auszählen“

Wie ist die Reihe aufgebaut?

Ebenso wie die o.a. Unterrichtsreihe ist diese entsprechend einem sachlogischen, jedoch nicht stringenten Lernzielkatalog aufgebaut. Differenzierungsvorschläge für leistungsschwächere oder -stärkere Schüler werden ebenfalls angegeben.

Bei allen Lernzielen der Unterrichtsreihe geht es um das Zählen von Vorgängen oder Körperbewegungen, da die Schüler Erfahrungen mit dem *Operatoraspekt* des Zahlbegriffs sammeln sollen.

Im Gegensatz zum handlungsbegleitenden Zählen von Bewegungen (s. Vorreihe), ist *jetzt* der Blick auf das *Endresultat*, also die *Anzahl* der gezählten Vorgänge gerichtet. Die Kinder sollen somit das 3. Zählprinzip erlernen und schließlich erfaßt haben. Die Einsicht in die Tatsache, daß das letzte Zählwort die Häufigkeitsanzahl der Handlungseinheiten angibt, sollte sich durch vielfältige Übungen allmählich einstellen.

Die zentrale Frage, die auf den Operatoraspekt des Zahlbegriffs hinzielt, lautet: „*Wie oft*?“. Sie sollte vom Lehrer immer wieder mit Betonung gestellt werden. Die entsprechende Antwort der Schüler lautet dann: „x-*mal*“.

Zum besseren Erfassen des 3. Zählprinzips ist es auch sinnvoll, daß die Kinder, wenn sie eine Bewegung oder einen Vorgang mitgezählt haben, z.B: Hüpfen oder das Schlagen der Turmuhr, anschließend nochmals *im ganzen Satz verbalisieren:* „Ich bin fünfmal gehüpft“, oder: „Die Turmuhr hat zehnmal geschlagen.“

Die Lernziele dieser Unterrichtsreihe und die sich darauf beziehenden Übungen intendieren alle die zählende Bestimmung der Vielfachheit eines Vorgangs bzw. der Anzahl von motorischen Einheiten, jedoch auf unterschiedlichem Niveau. Denn beim Zählen von Vorgängen bzw. Handlungen ergeben sich *Schwierigkeitsabstufungen* zum einen durch den Übergang von lautem zu leisem oder stummem Mitzählen („inneres“ Zählen), zum anderen durch die Anzahlbestimmung von Tätigkeiten, die gehört *und* gesehen, über solche, die nur gesehen, bis hin zu denen, die rein auditiv vernommen werden (zunehmender Schwierigkeitsgrad).

Zur weiteren Vertiefung des Inhalts dieser Reihe ist es angebracht, neben den im folgenden aufgeführten Übungen und Spielen zwischendurch im Unterrichtsalltag immer wieder „Wie-oft“-Fragen einzubauen, z.B.:

- „Paßt auf, wie oft die Kirchenuhr gleich schlägt! Zählt mit!“
- „Wie oft schlage ich auf die Trommel?“ (Im Rhythmik- bzw. Turnunterricht)
- „Wie oft muß ich klatschen, wenn ich das Wort ‚Lokomotive‘ klatsche?“ (Silbenanzahlbestimmung im Leselehrgang oder bei der Wahrnehmungsförderung)

Später, wenn die Schüler in konkreten Situationen motorische Einheiten oder Vorgänge mitzuzählen gelernt haben, können auch *Vorgänge aus der Erinnerung gezählt werden*, z.B.:

- „Wie oft hast du zuhause ferngesehen am Sonntag?“
- „Wie oft geht ihr in einer Woche zur Schule?“
- „Wie oft hast du heute schon etwas gegessen bzw. getrunken?“
- „Wie oft hat der Rektor an die Türe geklopft? Wer hat aufgepaßt und mitgezählt?“
- „Wie oft hat das Telefon geläutet?“
- „Wie oft ist der Schulgong heute schon ertönt?“ u.ä.

Außerdem kann man auch bei diversen Aufgaben und Spielen außerhalb des mathematischen Unterrichts die Erfahrungen der Kinder mit dem Operatoraspekt des Zahlbegriffs vertiefen, indem der Lehrer z.B. sagt: „X-mal darfst du raten.“, oder: „Du mußt x-mal würfeln (klopfen, rufen, klingeln, klatschen...).“

Die Lernziele der Unterrichtsreihe

Die Schüler sollen

- nach Vorgabe einer Anzahl (x-mal) Bewegungen/Handlungen *laut* mitzählend ausführen
- nach Vorgabe einer Anzahl (x-mal) Bewegungen/Handlungen *innerlich* mitzählend ausführen
- die Anzahl von Vorgängen/Handlungseinheiten, die gesehen und gehört werden, laut mitzählend bestimmen
- die Anzahl von Vorgängen/Handlungseinheiten, die nur gesehen werden, laut mitzählend bestimmen
- die Anzahl von Vorgängen, die nur gehört werden, *laut* mitzählend bestimmen
- die Anzahl von Vorgängen/Handlungseinheiten (sehend und hörend, nur sehend oder hörend) *innerlich* mitzählend bestimmen

Übungsfundus

● „Wide wide witt“

Durchführung:

Die Schüler fassen sich an den Händen und gehen im Kreis. Sie singen nachfolgendes Lied (Text und Melodie: volkstümlich – Abb. 27) dazu. Bei „das ist einmal“ bleiben sie stehen, lassen sich los und klatschen anschließend alle *einmal* in die Hände. Das Lied wird von vorne gesungen. Nachdem wiederum einmal in die Hände geklatscht wurde, singen sie: „Das ist zweimal“ und hüpfen danach *zweimal* auf dem rechten Fuß. Bei den nächsten Wiederholungen kommen nach und nach dreimal, viermal, ... zehnmal ausgeführte Bewegungen hinzu, so daß das Lied immer länger wird, zumal bei jeder Strophe alle vorhergehenden Handlungen nochmals durchgeführt werden.

Folgende Bewegungen können beispielsweise durchgeführt werden:

einmal	– klatschen
zweimal	– auf rechtem Fuß hüpfen
dreimal	– auf linkem Fuß hüpfen
viermal	– auf beiden Füßen hopsen
fünfmal	– in die Hocke gehen
sechsmal	– mit rechtem Fuß in die Luft kicken
siebenmal	– mit linkem Fuß in die Luft kicken
achtmal	– mit rechtem Fuß stampfen
neunmal	– mit linkem Fuß stampfen
zehnmal	– mit beiden Händen auf den Boden klatschen.

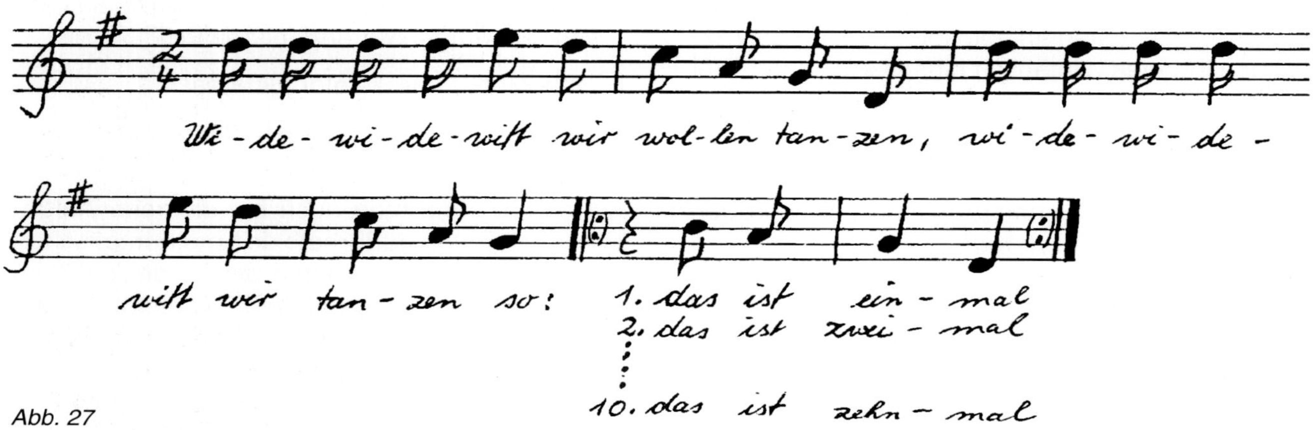

Abb. 27

Wenn Schüler die Abfolge der *verschiedenen* Bewegungen aus motorischen Gründen nicht bewältigen können, kann man sie die Folgen von einmal bis zehnmal mit ein und derselben Bewegung (z.B. Klatschen oder Stampfen) durchführen lassen.

● „...einmal fing ich eine Hex“

Durchführung:

Die Schüler stehen im geschlossenen Kreis. Ein Kind – in der Mitte – zählt nach folgendem Vers ab:

Eins, zwei, drei, vier, fünf und sechs,
einmal fing ich eine Hex,
doch, eh’ ich sie laß wieder gehn,
woll’n wir erst noch etwas sehn.

Das Kind, welches bei „Hex“ abgezählt wird, muß sich als Hexe „fangen lassen“ und ebenfalls in den Kreis gehen. Der Vers wird zu Ende gesprochen. Danach fragt die „Hexe“: „Was muß ich tun, um freizukommen?“ Das abzählende Kind nennt eine Tätigkeit wie klatschen, stampfen, hopsen, Kniebeugen machen, hüpfen u.ä. Die „Hexe“ fragt nun: „*Wie oft* muß ich klatschen/stampfen/ ... ?“ Entsprechend der daraufhin genannten Anzahl wird die Bewegung (laut mitzählend!) ausgeführt. Hat die „Hexe“ fehlerhaft gezählt, bzw. zu viele oder zu wenige Bewegungen gemacht, muß sie sich durch eine zusätzliche Tätigkeit in der angegebenen Weise „freikaufen“. Andernfalls darf sie jetzt das abzählende Kind spielen.

● Ballkönig

Vorbemerkung:

Diese Übung eignet sich nur für Kinder, die bereits in der Lage sind, einen Ball hochzuwerfen und aufzufangen, wobei Höhe und Anzahl der Würfe durchaus noch sehr gering sein können.

Es handelt sich hierbei um eine Variante der bei Kindern früher so beliebten „Ballschule", auch „Zehnerle" genannt. Die Kinder übten, den Ball auf verschiedenste Arten zu werfen und zu fangen, oft gegen eine Hausmauer, wobei jede Übung je zehnmal durchgeführt werden mußte, ohne daß der Ball zur Erde fällt.

Medien:

ein mittelgroßer, nicht zu schwerer Ball

Durchführung:

Wir spielen den „Ballkönig" am geeignetsten in der Turnhalle. Alle Schüler sitzen auf einer Bank oder in einer Reihe auf Matten. Es wird eine bestimmte *Anzahl* gleicher Ballaktivitäten festgelegt, die ein Kind nacheinander ausführen muß, ohne den Ball dabei fallen zu lassen (je nach Vermögen der Kinder z.B. drei-, fünf- oder gar zehnmal). Hat es den Ball entsprechend oft fehlerfrei geworfen/geprellt, darf es die zweite Übung absolvieren. Fällt der Ball vorzeitig zur Erde, kommt das nächste Kind an die Reihe. Der Lehrer fragt immer wieder: „Wie oft mußt du den Ball werfen/prellen?" „Wie oft hast du es hintereinander ohne Fehler geschafft?" Die Kinder zählen beim Werfen/Prellen stets laut mit. Es wird so lange gespielt, bis der „Ballkönig" ermittelt ist, d.h. dasjenige Kind, welches als erstes alle Übungen in der festgelegten Anzahl fehlerfrei durchgeführt hat, oder, wer bei den Spielen am weitesten gekommen ist (wenn nicht alle Übungen ausgeführt wurden).

Einige Stufen der „Ballschule" (Beispiel):

- Ball mit beiden Händen hochwerfen und auffangen (vgl. Abb.28a)
- Ball mit beiden Händen gegen eine Wand werfen und auffangen
- Ball mit der rechten Hand prellen (vgl.Abb. 28b)
- Ball mit der linken Hand prellen
- Ball mit der rechten Hand hochwerfen und mit beiden Händen auffangen
- Ball mit der linken Hand hochwerfen und mit beiden Händen auffangen
- Ball mit beiden Händen hochwerfen und vor dem Auffangen einmal in die Hände klatschen

Es lassen sich noch viele Stufen größerer Schwierigkeitsgrade finden, womit die meisten geistigbehinderten Schüler jedoch überfordert sind.

Abb. 28a

Abb. 28b

Variationen:

- Statt „Ballkönig“ kann auch „Seilkönig“ gespielt werden. Dabei werden Häufigkeiten beim Seilspringen zählend ermittelt. Sowohl Übungen, bei denen ein langes Seil von zwei Kindern oder Erwachsenen bewegt wird, und ein Kind in der Mitte rechtzeitig in die Höhe springen muß, als auch solche, bei denen jeder Schüler sein Sprungseil schwingt und z.B. mit geschlossenen Füßen oder im Laufschritt darüber springt, sind geeignet.
- „Eins, zwei, drei, ich hab' den Ball“: Die Schüler sitzen auf dem Boden im Kreis und singen folgendes Lied (SPODE, 1989, 47 – Abb. 29): Ein Kind rollt einem anderen den Ball zu. Dieses rollt ihn am Boden um sich herum. Die Mitschüler zählen, wie oft dies gelingt, ohne daß der Ball ganz wegrollt. Danach rollt das Kind den Ball einem weiteren Klassenkameraden zu, der die Übung wiederholt. Es werden weitere Strophen gedichtet, wie z.B. mit dem Refrain: „... Ich kann ihn werfen, werfen in die Luft“, wobei die Schüler entweder im Sitzen oder im Stehen den Ball ein klein wenig hochwerfen und wieder zu fangen versuchen, oder: „... Ich kann ihn tippen, tippen auf dem Boden“ u.ä. In jedem Fall zählen alle, wie oft das Kind die Ballbewegung ausführen konnte und ermitteln als „Ballkönig“ dasjenige, welches bei den jeweiligen Übungen das erfolgreichste war.

Eins, zwei, drei, ich hab' den Ball

2. Eins, zwei, drei, ich hab' den Ball . . .
Ich kann ihn treten, treten mit dem Fuß, treten mit dem Fuß.

3. Eins, zwei, drei, ich hab' den Ball . . .
Ich kann ihn werfen, werfen mit der Hand, werfen mit der Hand.

4. Eins, zwei, drei, ich hab' den Ball . . .
Ich kann ihn drehen, daß er tanzen muß, tanzen rundherum.

Spielvorschlag:

Ein bunter Ball wird von Hand zu Hand weitergereicht. Jeder führt eine bestimmte Tätigkeit mit dem Ball aus, während die anderen singen. Es kann weitergedichtet werden.

Abb. 29 aus: W. SPODE, Der Ohrwurm, Fidula-Verlag, Boppard/Rhein und Salzburg

● Blindes Blättern

Medien:

Bücher oder Arbeitshefte (möglichst nur einseitig beschrieben – für jedes Kind eines), Tücher zum Verbinden der Augen

Durchführung:

Der Lehrer erzählt von einem Kind, das im Finstern in seinem Buch oder Heft die richtige Seite findet. Er nimmt ein Buch und demonstriert: „Wenn ihm jemand sagte: Schlag Seite 4 auf, dann konnte das Kind mit geschlossenen Augen diese Seite finden. Seht, hier ist Seite 4. Wie hat das Kind sie wohl im Dunkeln gefunden?“ Vielleicht entdeckt ein Schüler, daß man viermal umblättern muß, um auf die gewünschte Seite zu kommen. Andernfalls führt der Lehrer es selbst vor. „Ob ihr das auch könnt? Wer möchte die Augen zugebunden haben?“ Jedes Kind erhält das gleiche Buch oder Arbeitsheft. Die Blätter sollten dick genug sein, damit nicht feinmotorische Schwierigkeiten die Ausführung der Aufgabe behindern. Wenn einige Schüler die Ziffern schon kennen, muß man darauf achten, daß nach x-maligem Umblättern tatsächlich auch Seite x vorliegt (wozu das Buch/Heft nur einseitig bedruckt/beschrieben sein sollte).

Der Lehrer nennt eine Seite, welche die Kinder gleichzeitig suchen sollen. Zuvor fragt er nochmals nach: „Wie oft müßt ihr umblättern, um diese zu finden?“ Auf ein Signal hin (z.B.: „Auf die Plätze, fertig, los!“) beginnen alle halblaut oder leise zählend zu suchen (vgl. Abb. 30). Danach wird mit geöffneten Augen kontrolliert, wer ans richtige Ziel gelangt ist (anhand des Gesamtbildes der Seite oder der Seitenzahl). Die Übung kann mehrmals wiederholt werden, wobei man zur Abwechslung auch in Zweiergruppen spielen läßt: Jeder Schüler gibt seinem Nachbarn die gewünschte Seite an und überprüft (ggf. mit Lehrerhilfe) anschließend das Ergebnis seines Kameraden.

Variation:

Der Lehrer kennt diesmal ein Kind, welches „besonders gute“ Augen hat. Es kann von weitem die Seitenziffern auf den Buchseiten lesen. Der Lehrer stellt sich mit einem Buch in einiger Entfernung vor den Kindern auf. „Seht, hier ist Seite 1. Ich blättere nun weiter. ... Wer von euch hat auch so gute Augen wie das Kind und kann lesen, auf welcher Seite ich angekommen bin? ... Hier ist Seite 4. Ich will bis Seite 7 blättern. Ruft alle ‚Stop‘, wenn ich da bin.“

Differenzierungsmöglichkeiten:

- Kinder, die noch keinen Anzahlbegriff haben bzw. das 3. Zählprinzip noch nicht beherrschen, üben *verbales Zählen* sowie die *1:1-Zuordnung* von Zahlwort und Umblättern.
- Wir suchen die 4.,6., ... Seite. (*Ordnungszahlaspekt*)
- „Blättert viermal um, danach noch zweimal. Auf welcher Seite kommt ihr an? Wie heißt die zugehörige Aufgabe?“
  "Blättert bis Seite 3. Jetzt blättert weiter, so daß ihr auf Seite 7 ankommt. Wie oft müßt ihr dazu umblättern?“ (*Rechenzahlaspekt*)

Abb. 30

● **Vögelchen, piep doch mal!**

Medien:

Stühle, Tuch zum Verbinden der Augen

Durchführung:

Die Schüler („Vögelchen") sitzen im Stuhlkreis (in ihren „Nestern"). Ein Kind soll mit geschlossenen Augen erraten, in welchem „Nest" welches „Vögelchen" sich befindet. Während es seine Augen verbunden bekommt und, um die Orientierung zu verlieren, vom Lehrer gedreht wird, ruft dieser: „Alle Vögelchen fliegen aus und suchen sich ein neues Haus!" Nachdem die Schüler die Plätze leise getauscht haben, stellt sich das Kind vor ein „Nest" und spricht: „Vögelchen, piep doch mal." Der Lehrer fragt sogleich: „Wie oft soll das Vögelchen piepen?" Entsprechend der vom Kind genannten Zahl piept das „Vögelchen" mit verstellter Stimme x-mal (vgl. Abb. 31). Wird es richtig identifiziert und hat zudem mit der korrekten Häufigkeit gepiepst, löst es das ratende Kind ab. Andernfalls muß ein weiteres „Vögelchen" entdeckt werden. Als Hilfestellung für das hier *„innere" Mitzählen* kann das Kind beim Piepsen die entsprechende Anzahl mit seinen Fingern nach und nach aufzeigen.

Variationen:

- Statt eines „Vögelchens" sitzt ein „**Kuckuck**" im „Nest" und ruft entsprechend oft: „kuckuck, kuckuck...".
- Das bekannte Spiel „**Mein rechter, rechter Platz ist frei**, ich wünsche mir die/den X herbei" wird folgendermaßen modifiziert: Bevor das gewünschte Kind zum freien Stuhl geht, fragt es: „Als was muß ich kommen?" Es erhält als Antwort einen Tiernamen, z.B.: „als Kuh/Hund/Bär...". Darauf fragt das Kind weiter: „Wie oft muß ich muhen/bellen/brummen...?" Hat es den entsprechenden Tierlaut in der verlangten Häufigkeit geäußert, darf es den freien Platz einnehmen. Andernfalls muß ein anderes Kind auf diesen Stuhl gewünscht werden.

Abb. 31

● **„Liebe Trommel, zeig mir an, wie oft ich gleich schlagen kann!"**

Vorbemerkung:

Während bei den o.a. Vorschlägen *Handlungen in vorgegebener Häufigkeit durchgeführt* werden mußten, ist bei den folgenden Übungen außerdem auch die *Anzahl* von Vorgängen zu *bestimmen*/benennen.

Medien:

Handtrommel, diverse Schlaginstrumente, z.B. Tamburin, Schlagstäbe (Claves), Holzblocktrommel, Klangstäbe (Einzelresonatoren), Triangel u.a.

Durchführung:

Die Kinder sitzen an ihren Plätzen. Jedes erhält ein Schlaginstrument. Ein Schüler (oder der Lehrer) läuft rhythmisch trommelnd durch das Klassenzimmer. Alle singen dabei folgenden Vers (Text und Melodie: F. Reich):

Das Kind bleibt vor einem beliebigen Mitschüler stehen und schlägt x-mal (innerhalb des Zählumfangs des gewählten Schülers) auf seiner Handtrommel. Dieser zählt dabei laut oder stumm mit und spielt anschließend in der vorgegebenen Häufigkeit auf seinem Instrument (vgl. Abb. 33). Bei Zählfehlern wird die Aufgabe mit einer anderen Anzahl wiederholt. Wenn alle Kinder einmal an der Reihe waren, darf ein (anderer) Schüler den Trommler spielen.

Abb. 32

Abb. 33

Variationen:

– Statt: „... wie oft ich gleich *schlagen* kann" wird gesungen: „... wie oft ich gleich **blasen** kann", worauf die Schüler auf Blasinstrumenten die verlangte Häufigkeit an Tönen produzieren, z.B. auf Flöten oder Cazoos (vgl. Abb. 34a, S. 40). Hierbei muß innerlich gezählt werden.

– Entsprechend können alle möglichen Bewegungen wie stampfen, hüpfen, Knie beugen u.ä. ausgeführt werden. Wir singen dann: „... wie oft ich gleich **stampfen/hüpfen/Knie beugen** kann" (Abb. 34b, S. 40).

– „**Welches Kind habe ich gerufen**?" Auf der Trommel wird (mit entsprechender Betonung) die Silbenanzahl der Kindernamen geklopft. Alle Kinder zählen leise für sich mit. Diejenigen, die glauben, gerufen worden zu sein (d.h. deren Namen so viele Silben hat, wie sie gezählt haben), melden sich. Wer richtig gehört und gezählt hat, darf aufstehen. Anschließend werden die übrigen Kinder nach und nach mit dem Trommelruf angesprochen, bis sich alle von ihren Plätzen erhoben haben. Selbstverständlich müssen die Schüler hierfür wissen, wieviele Silben ihr Name hat (z.B. vom auditiven Wahrnehmungstraining oder vom Lesekurs her).

Abb. 34a

Abb. 34b

- **„Mutter, wieviele Schritte muß ich gehen?"**

Medien:

Handtrommel oder Tamburin, langes Seil oder Kreidestrich als Begrenzung

Durchführung:

Das Spiel wird in der Turnhalle oder im Freien ausgeführt. Ein Kind steht als Mutter an einem Ende der Halle/an einem festgelegten Punkt im Freien in ihrem „Haus" (langer Kreidestrich oder Seil). Die übrigen Schüler („Kinder") haben sich in ca. zehn Meter Abstand nebeneinander in einer Reihe hinter einem Seil/Kreidestrich aufgestellt. Die „Kinder" sind auf dem Weg nach Hause zur „Mutter", müssen vorher aber noch einiges erledigen (Einkäufe in verschiedenen Geschäften, irgendwo etwas abholen oder vorbeibringen u.ä.).

Nacheinander fragt jedes Kind die „Mutter", wieviele Schritte es – auf dem Weg zur nächsten Erledigung – Richtung nach Hause – gehen muß. Da die „Mutter" gerade „heiser" ist und nicht sprechen kann, antwortet sie mit Händeklatschen. Das Kind vergewissert sich, ob es richtig gehört und mitgezählt hat: „Du hast x-mal geklatscht? Dann muß ich x Schritte bis zu ... gehen". Antwortet die „Mutter" mit einem Nicken, geht es entsprechend los und bleibt nach dem letzten Schritt am angekommenen Platz stehen. Hat die „Mutter" den Kopf geschüttelt, fragt es erneut: „Mutter, wieviele Schritte muß ich gehen?" und erhält eine zweite Chance. Zählt es wieder falsch, kommt der nächste Schüler an die Reihe. Gespielt wird so lange, bis ein Kind alles „erledigt hat" und im „Hause" angekommen ist. Dieses darf jetzt die Mutter spielen.

● „Kommt ein Reitersmann daher“

Durchführung:

Die Schüler stehen im geschlossenen Kreis. Innen sitzt ein Kind als Liesel auf dem Boden, außen herum geht ein anderes als Reitersmann. Bevor alle folgendes Lied (Text und Melodie: volkstümlich – Abb. 35) singen, flüstert die „Liese“ dem Lehrer ins Ohr, wer der „König“ sein wird, d.h. sie nennt eine Anzahl, wie oft sich der „Freier“ verbeugen muß, um für sie „König“ sein zu können.

Der „Reitersmann“ tritt in den Kreis und verbeugt sich beliebig oft (zwischen ein- und zehnmal) vor der „Liese“. Diese, sowie alle Kinder zählen leise mit. Danach singt er: „Jungfer lieblich ...“. Hat er die ausgedachte Anzahl von Verbeugungen nicht getroffen, singt „Liese“: „Mag nicht tanzen ...“, und ein nächstes Kind versucht sein Glück als Reitersmann. Dabei müssen sich die Schüler die falschen Anzahlen merken, um sich möglichst mit der richtigen Häufigkeit verbeugen zu können, sobald sie an der Reihe sind. Hat ein Kind die korrekte Zahl getroffen, singt die „Liese“:

„Ja, Herr Reiter, danke schön, ja, du bist mein König!“ Sie tanzt mit ihrem „Reitersmann“, wobei die Melodie des Liedes auf „la la la ...“ gesungen wird. Anschließend darf der erfolgreiche „Freier“ die Liese spielen.

Abb. 35

● Die Turmuhr schlägt

Medien:

Klangstab (Einzelresonator) mit Schlägel, ggf. Tücher zum Verbinden der Augen

Durchführung:

Die Kinder sitzen auf ihren Plätzen und haben ihre Augen verbunden oder das Gesicht (auf der Bank) so auf ihre Arme gelegt, daß sie nichts sehen können. Der Lehrer erzählt: „Es ist Nacht und ganz dunkel draußen. Alle Kinder schlafen. Plötzlich aber wacht X (er nennt den Namen eines Kindes) auf. Es ist so finster, daß X nichts sehen kann. Er/sie bleibt im Bett liegen und fragt sich, ob es wohl schon bald morgen ist, oder ob er/sie gerade erst eingeschlafen ist. Da hört X die Turmuhr der ...-Kirche schlagen. – Hört ihr, wie oft sie schlägt?" Der Lehrer simuliert die Uhr mit dem Resonatorstab. Anschließend muß das genannte Kind, welches leise oder stumm mitgezählt hat, sagen, wieviel Uhr es ist. Die übrigen Kinder korrigieren, wenn die Antwort nicht richtig war. Nun darf das „wache" Kind als nächstes die Turmuhr schlagen (vgl. Abb. 36).

Differenzierungsmöglichkeiten:

- Für Schüler, die *„eins" und „viele" unterscheiden* lernen, wird entsprechend oft geschlagen.
- Fortgeschrittene Schüler können u.a. gefragt werden: „Wieviele Stunden sind es noch, bis du um sieben Uhr geweckt wirst?" „Wie lange hast du schon geschlafen, wenn du um neun Uhr eingeschlafen bist?" „Wieviele Stunden fehlen noch bis Mitternacht?" (Ergänzungsaufgaben – *Rechenzahlaspekt*)

Variationen:

- **Sankt Nikolaus kommt**: Ein Glöckchen klingelt vor der Tür/hinter einer Trennwand. Wie oft hat „Sankt Nikolaus" geläutet? Wer richtig gezählt hat (die Kinder melden sich), darf der nächste „Nikolaus" sein.
- **Der Kuckuck ruft**: Ein Schüler hat sich als Kuckuck im „Baum" (hinter einem Vorhang/ Stuhl oder unter dem Tisch) versteckt. Ein anderes Kind singt:
  "Lieber Kuckuck, sag mir doch, wieviel Jahre lern ich noch?" (Melodie von „Liebe Trommel...").
  Der „Kuckuck" antwortet mit einer Anzahl von Kuckucksrufen, die das Kind richtig benennen muß. Gelingt ihm dies, darf es jetzt den Kuckuck spielen. Andernfalls fragt ein weiterer Schüler diesen gleichen Kuckuck, wielange es wohl (in der Schule?) noch lernen muß.

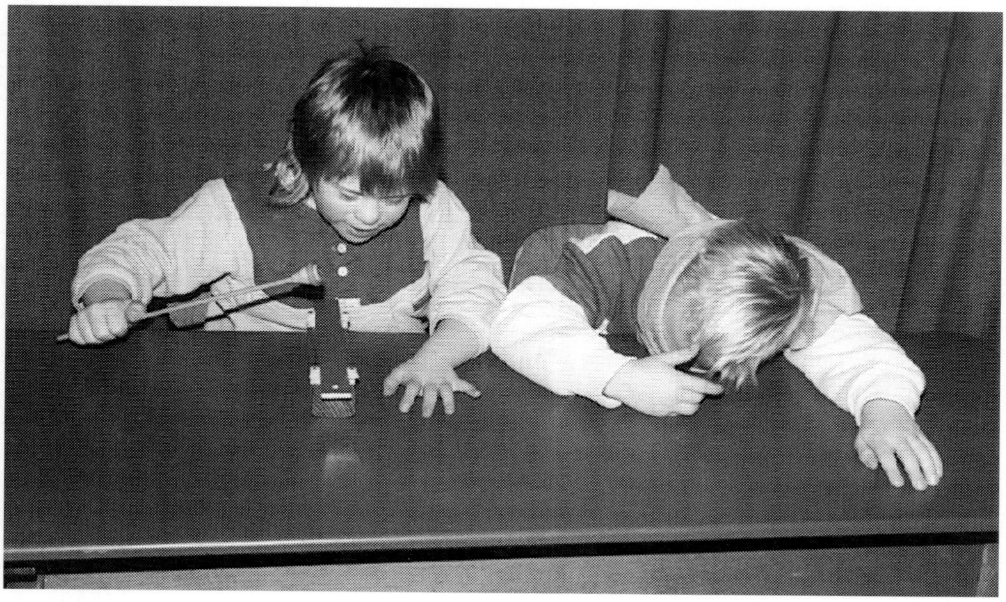

Abb. 36

● Wetthüpfen

Medien:

Kreide oder großes Packpapier mit aufgemalten Hüpfekästchen und Tesakrepp-Streifen, Handtrommel oder Tamburin oder ein anderes Schlaginstrument

Durchführung:

In der Turnhalle (oder in einem großen Klassenzimmer) werden mit feuchter Kreide auf den Fußboden zwei oder drei gleiche Hüpfekästchen gemalt (vgl. Abb. 23, S. 30 und Abb. 37) oder ein Packpapier mit aufgemalten Hüpfekästchen mit Tesakrepp am Boden befestigt. Vor jedem „Kästchen" stellt sich ein Kind zum Start auf. Für die Schüler unsichtbar (hinter einer Trennwand oder unter dem Tisch) schlägt der Lehrer oder ein Mitschüler x-mal auf eine Handtrommel oder ein anderes Schlaginstrument. Die Kinder zählen leise mit und hüpfen/hopsen gleichzeitig los, pro vernommenem Schlag ein Feld voran (vgl. Abb. 37). Die Wege innerhalb der Kästchen wurden zuvor genau abgeklärt. Sogleich danach gibt die Trommel erneut eine Anzahl zum Weiterhüpfen vor. Am Ende angekommen (falls das Kästchen ein solches hat), geht es auf dem gleichen Weg wieder zurück. Erst beim letzten Hüpfen wird beurteilt, welches der Kinder der Sieger geworden ist, d.h. wer keinen oder die wenigsten Fehler gemacht hat. Alle anderen Mitschüler haben gut aufgepaßt und leise mitgezählt.

Die Hüpfekästchen bieten im Gegensatz zum bloßen Wetthüpfen eine gute optische Kontrolle. Es stellt sich meist schnell heraus, daß jedes hüpfende Kind besser nur auf sich achtet und nicht den Mitkämpfern nachhopst, da in diesem Fall auch häufig Fehler imitiert werden.

Abb. 37

● Klopfzeichen

Medien:

für jedes Kind ein Bleistift, Farbstift o.ä.

Durchführung:

Alle Schüler sitzen um einen Tisch (ggf. zwei zusammenstellen). Jeder hat einen Stift in der Hand. Wir spielen eine Forschergruppe in einer Höhle, deren Mitglieder sich mit geheimen Klopfzeichen „weitersagen", was sie entdeckt haben.

Ein Kind beginnt und teilt per Klopfsignal seinem Nachbarn den Fund mit (Silbenanzahl des erdachten Schatzes oder beliebige Zahl zwischen eins und zehn auf den Tisch klopfen). Das Nachbarkind hat leise/stumm mitgezählt und klopft die Botschaft seinem Nebenmann weiter usf. Der letzte „Forscher" verkündet laut das Signal, wie es bei ihm angekommen ist (d.h. gibt die Anzahl der Klopfzeichen an), worauf der erste feststellt, ob die Botschaft richtig den Schlußmann erreicht hat oder nicht. Wenn er eine Silbenanzahl geklopft hatte, verrät er jetzt auch seinen „Schatz". Ggf. können die Kinder vorher auch raten. Nun darf ein anderes Kind den ersten Forscher spielen. Wichtig ist, daß kein Schüler zwischendurch spricht oder gar die (von allen) vernommene Klopfzahl laut sagt.

Variation:

Das geheime Zeichen wird nicht für alle hörbar weitergegeben, sondern still mit dem Finger oder Bleistift in die Hand des Nachbarn geklopft. Es kann auch per x-maligem Händedruck von Kind zu Kind übermittelt werden. Diese Version ist wesentlich schwieriger, da die akustische Verstärkung/Kontrolle fehlt, und die Schüler die Botschaft nicht hören, bevor sie an der Reihe sind.

Glossar

abstraktes Zählen: rein verbales Zählen ohne Bezug zu Zählobjekten; das korrekte Aufsagen der Zahlwortreihe erfordert lediglich ein gutes auditives Gedächtnis, jedoch noch keine Zahlvorstellung.

Abzählen: zählendes Herstellen einer Menge von Objekten nach vorgegebener Anzahl; die zugehörige Aufgabe lautet z.B.: „Gib mir 4 Muggelsteine!"

algebraische Struktur: eine Menge von Elementen (Rechenobjekten), in der Verknüpfungen (Rechenoperationen) mit bestimmten Eigenschaften definiert sind, z.B. die Menge der natürlichen Zahlen mit der Addition, der Subtraktion, der Multiplikation oder der Division.

assoziativ: verbindend/verknüpfend; eine Eigenschaft von Rechenoperationen (Verknüpfungen zwischen Elementen einer Menge), wie z.B. der Addition, die besagt, daß die einzelnen Elemente (hier: Summanden) in beliebiger Reihenfolge miteinander verknüpft (hier: addiert) werden können; (a+b)+c = a+(b+c).

asynchrone Zuordnung/Korrespondenz: Stück-für-Stück-Zuordnung (↑) zwischen den Elementen zweier (oder mehrerer) Mengen, wobei – im Gegensatz zur sukzessiven Korrespondenz (↑) – jeweils *ein* Element der einen Menge *vorgegeben* und *eines* der anderen Menge(n) *nachgesetzt* bzw. *danach* diesem zugeordnet wird, d.h. die Zuordnung findet *nacheinander*, immer mit Vorgabe von *einem* Element, statt.

Auszählen: zählende Anzahlermittlung der Objekte einer vorgegebenen Menge (real oder ikonisch); die zugehörige Aufgabe lautet z.B.: „Wieviele Muggelsteine liegen hier?"

eineindeutige Zuordnung/bijektive Abbildung: umkehrbar eindeutige Zuordnung der Elemente zweier Mengen [= Stück-für-Stück-Korrespondenz (↑)], d.h. jedem Element der einen Menge muß *genau ein* Element der anderen Menge zugeordnet werden können *und umgekehrt*.

elaboriertes Zählen: „ausgebildetes", „richtiges" Zählen, das im Gegensatz zum abstrakten Zählen (↑) der Anzahlermittlung von Objekten dient und durch folgende 5 Prinzipien (*Zählprinzipien*) charakterisiert wird:

Jedem zu zählenden Gegenstand muß *genau ein* Zahlwort zugeordnet werden (1).
Die Zahlwörterreihe unterliegt einer festen Ordnung, so daß die Zählzahlfolge immer die gleiche ist (2).
Das letzte Glied der Zählreihe gibt zugleich die Anzahl der Elemente einer Menge an (3).
Beliebige Elemente können – unabhängig von ihren *qualitativen* Merkmalen (!) – nach den Prinzipien 1 – 3 gezählt werden (4).
Die Anordnung der Zählobjekte und die Reihenfolge, in der sie gezählt werden, sind für das Zählergebnis ohne Bedeutung (5).

enaktive Darstellungs-/Repräsentationsebene: handlungsgebundene Darstellung von Unterrichtsinhalten; eine der 3 Darstellungsformen nach Bruner (1974) – neben der ikonischen (↑) und der symbolischen (↑); Inhalte werden durch Handlungen mit konkretem Material oder dem Körper (z.B. Bewegungsformen) veranschaulicht und erarbeitet.

Gleichmächtigkeit (= **Äquivalenz**): gleiche Anzahl von Elementen („Mächtigkeit") zweier Mengen, die sich in der bijektiven/eineindeutigen Zuordnung (↑) ihrer Elemente ausdrückt.

heterogene Menge (= **inhomogene Menge**): uneinheitliche Menge; eine Menge, die aus ungleichartigen, wohlunterscheidbaren Elementen/Objekten zusammengesetzt ist, z.B. eine Menge aus verschiedenen Spielzeugfiguren; Gegensatz: homogene Menge (↑).

homogene Menge: einheitliche Menge; eine Menge, die aus lauter gleichartigen Objekten besteht, z.B. aus lauter roten Muggelsteinen.

ikonische Darstellungs-/Repräsentationsebene: Darstellung von Unterrichtsinhalten durch bildliche oder graphische Mittel; eine der 3 Darstellungsformen nach Bruner (1974) – neben der enaktiven (↑) und der symbolischen (↑); Inhalte werden in Bildern oder Bildsymbolen/Graphiken veranschaulicht und erarbeitet (z.B. auf der Tafel, in Büchern, Heften, auf Arbeitsblättern).

individueller Zahlbegriff: jede natürliche Zahl *einzeln* wird als Begriff angesehen (z.B. die Zahl „4") und durch verschiedene Beispiele, in denen diese Zahl in unterschiedlichen Zusammenhängen und Bedeutungen (auch in verschiedenen Zahlaspektformen) vorkommt, charakterisiert; – im Gegensatz zum *Zahlbegriff*, der die *ganze Menge der natürlichen Zahlen* (1,2,3,...) umfaßt, wobei die einzelnen Zahlen als Elemente einer Reihe oder als Operatoren u.a. auftreten.

Invarianz: Unveränderlichkeit einer Menge oder eines Gegenstandes nach Transformationen (↑) oder Unabhängigkeit einer Menge von qualitativen und strukturellen Merkmalen;

Piaget (1975) unterscheidet verschiedene Invarianzen:

Die **Mengeninvarianz** (= **Mengenerhaltung**) besagt, daß die *Quantität* der Menge, also deren Umfang/Größe/Anzahl der Elemente, unabhängig von der *Qualität*, also der Beschaffenheit/Struktur der Elemente (z.B. Farbe, Form, Größe, Anordnung), ist; 6 Äpfel sind also immer 6 Äpfel, egal ob sie groß oder klein, rot oder gelb sind, ob sie weit auseinander oder eng beisammen in einer Reihe auf dem Tisch liegen.
Die **Höheninvarianz** (= **Erhaltung der Höhe**) besagt, daß die Höhe eines Objektes auch nach bestimmten Transformationen (↑), z.B. auf unterschiedlich hohe Unterlagen stellen oder im Winkel neigen, unverändert bleibt.
Die **Längeninvarianz** (= **Erhaltung der Länge**) meint die Unabhängigkeit der Länge eines Objektes von dessen Lage und Struktur, z.B. ob ein und derselbe Wollfaden in Wellenform oder in Schneckenform dargeboten wird, ob eine Perlenkette langgestreckt oder zu einem Kreis geformt liegt, ob dieselbe Strecke weiter links auf einem Blatt oder nach rechts verschoben gezeichnet wird, ändert nichts an deren Länge.
Analog gibt es noch die Massenerhaltung (z.B. bei Knetmasseumformungen) sowie die Volumen-, Gewichts-, Entfernungs- und Flächenerhaltung bzw. -invarianz, die jedoch in dieser Übungsreihe keine Rolle spielen.

Iterativzahlen (= **Wiederholungszahlen**): die Zahladverbien „einmal, zweimal, dreimal, ...“, die den Operatoraspekt (↑) des Zahlbegriffs ausdrücken.

Kardinalzahlaspekt (= **kardinaler Aspekt**): ein Aspekt des Zahlbegriffs, bei dem die natürlichen Zahlen als sog. Anzahlen die Größe bzw. „Mächtigkeit“ von Mengen (Anzahl ihrer Elemente) bezeichnen; zugehörige Frage: „Wieviele ...?“.

Maßzahlaspekt: ein Aspekt des Zahlbegriffs, bei dem die natürlichen Zahlen als sog. Maßzahlen das Meßresultat einer Größe in Relation zu einer bestimmten Einheit angeben; zugehörige Fragen: „Wie lang, wie hoch, wie schwer, ...?“.

Mengenvarianz: Veränderlichkeit von Mengen nach bestimmten Gesetzmäßigkeiten, z.B. eine Menge vergrößert sich, wenn ein Element hinzugefügt wird, und verkleinert sich wieder bei Wegnahme des Elementes.

Mitzählen: zählende Anzahlermittlung von akustischen oder motorischen Einheiten; die zugehörige Frage lautet z.B.: „Wie oft hat die Uhr geschlagen?“ oder „Wie oft habe ich in die Hände geklatscht?“

Operatoraspekt: ein Aspekt des Zahlbegriffs, bei dem die natürlichen Zahlen als sog. Wiederholungs- oder Iterativzahlen (↑) die Vielfachheit eines Vorgangs angeben; zugehörige Frage: „Wie oft ...?“.

Ordinaler Aspekt: ein übergeordneter Aspekt des Zahlbegriffs, unter dem Zählzahlaspekt (↑) und Ordnungszahlaspekt (↑) zusammengefaßt sind.

Ordnungszahlaspekt: ein Aspekt des Zahlbegriffs, bei dem die natürlichen Zahlen als sog. Ordnungszahlen die Rangplätze von Elementen in einer total geordneten Reihe (↑) angeben; zugehörige Frage: „Der wievielte ...?“.

provozierte Korrespondenz: „herausgeforderte“ Zuordnung zwischen den Elementen zweier Mengen; Begriff von PIAGET (1975); Stück-für-Stück-Korrespondenz (↑) zwischen heterogenen Mengen (↑), deren Elemente „qualitativ komplementär“, d.h. auf eine so bestimmte Art einander „ergänzend“ sind, daß ihre natürliche oder gewohnheitsmäßige Zusammengehörigkeit geradezu eine Zuordnung „provoziert“, z.B. Eier und Eierbecher, Tassen und Untertassen u.ä.

Rechenzahlaspekt: ein Aspekt des Zahlbegriffs, bei dem die natürlichen Zahlen *als Ziffern* in Stellenwertsystemen, mit denen schriftlich gerechnet werden kann, sowie *als algebraische Struktur* (↑), in der nach gewissen Gesetzen (z.B. Assoziativität) gerechnet wird, verwandt werden.

simultan: gleichzeitig, „mit einem Blick“; gleichzeitiges Erfassen und Wahrnehmen vorgegebener komplexer Sachverhalte/Strukturen, wie z.B. das gleichzeitige Erfassen der Länge und Lage oder Anordnung eines Objektes bei Transformationen (↑) und ihrer Konsequenzen hinsichtlich der Längenerhaltung, oder das Erfassen der Anzahl von mehreren Objekten auf einen Blick (**Simultanerfassung**); bei letzterer spielt die Anordnung der Objekte in eine übersichtlich strukturierte Gestalt (z.B. Würfelbildanordnung) eine ausschlaggebende Rolle dafür, daß Kinder die Anzahl von Elementen bildhaft-ganzheitlich, ohne abzuzählen, erfassen können; in der Regel gelingt dies bis zu einer Anzahl von 5 – 6 Objekten; Gegenteil: sukzessiv (↑).

spontane Korrespondenz: unmittelbare Zuordnung zwischen den Elementen zweier homogener Mengen (↑); Methode des Größenvergleichs zweier Mengen, die „spontan“ von Kindern gewählt wird, wenn diese noch nicht zählen können; Begriff von PIAGET (1975); im Gegensatz zur provozierten Korrespondenz (↑)

handelt es sich hierbei um eine Stück-für-Stück-Korrespondenz (↑) zwischen Mengen mit lauter gleichartigen Elementen; diese Art des Mengenvergleichs fällt den Kindern in der Regel schwerer als die provozierte Korrespondenz (↑).

Stück-für-Stück-Korrespondenz: Stück-für-Stück-Zuordnung der Elemente einer Menge zu denen einer anderen Menge (oder mehrerer anderer Mengen), wobei diese Zuordnung jeweils eine 1:1-Zuordnung, d.h. eine bijektive/eineindeutige (↑) sein muß; graphisch wird diese Zuordnung durch sog. Zuordnungslinien dargestellt.

sukzessiv: nach und nach; allmähliches, schrittweises Erfassen und Wahrnehmen vorgegebener komplexer Sachverhalte/Strukturen oder schrittweises Vorgehen bei Handlungen; im Gegensatz zum simultanen (↑) Erfassen der Anzahl einer Menge von Objekten geschieht das sukzessive mittels Auszählen der Objekte (Stück um Stück).

sukzessive Zuordnung/Korrespondenz: wird auch „verzögerte" Zuordnung genannt; Stück-für-Stück-Korrespondenz (↑) zwischen den Elementen zweier (oder mehrerer Mengen), wobei – im Gegensatz zur asynchronen Zuordnung (↑) – jeweils *2 oder mehrere* Elemente der einen Menge (auf einmal) vorgegeben und die entsprechend *gleiche Anzahl* an Elementen der anderen Menge(n) *nachgesetzt/nachgezogen* wird.

symbolische Darstellungs-/Repräsentationsebene: Darstellung von Unterrichtsinhalten durch Worte oder abstrakte Symbole; eine der 3 Darstellungsformen nach Bruner (1974) – neben der enaktiven (↑) und der ikonischen (↑); Inhalte werden rein verbal oder symbolisch-abstrakt, z.B. in Rechengleichungen mit den Rechenzeichen „+", „-", „•", „:" und in mathematischen Formeln o.ä. dargeboten und verbal, mit Symbolen oder sogar rein gedanklich erarbeitet.

total geordnete Reihe: eine Reihe von Elementen, für die gilt, daß zwei ungleiche Elemente a und b in der Reihe nie an gleicher Stelle stehen können, vielmehr immer entweder a vor b oder b vor a stehen muß; so können in der Reihe der Ordnungszahlen (1., 2., 3., ...) zwei verschiedene Zahlen nie auf der gleichen Ranghöhe plaziert sein, wie dies z.B. in einer nur „geordneten" Reihe von verschiedenen Holzstäben durchaus möglich ist, wenn zwei oder mehrere Stäbe der gleichen Höhe vorhanden sind.

Transformationen: Umwandlungen, Umformungen, Umgestaltungen; sind bedeutsam bei den Invarianz(↑)aufgaben nach PIAGET (1975), wobei die Erkenntnis der Mengen-, Höhen- und Längenerhaltung *nach* den Transformationen von Objekten ein wichtiges Kriterium bei der Entwicklung des Zahlbegriffs darstellt.

Zählzahlaspekt: ein Aspekt des Zahlbegriffs, bei dem die natürlichen Zahlen eine Folge bilden, die beim Zählprozeß – abstraktes Zählen (↑) oder elaboriertes Zählen (↑) – durchlaufen wird.

Literatur

Mathematikdidaktische Grundlagen:

Fuson, K.C.; Hall, J.W.: The Acquisition of Early Number Word Meanings; in: GINSBURG, H.P. (Ed.): The Development of Mathematical Thinking, New York 1983

Gelman, R.; Gallistel, C.R.: The Child's Understanding of Number, Cambridge, London 1978

Kühnel, J.: Neubau des Rechenunterrichts, Bad Heilbrunn, Düsseldorf 1966[11]

Piaget, J.: Die Genese der Zahl beim Kind; in: PIAGET, J.; RESAG, K. u.a.: Rechenunterricht und Zahlbegriff, Braunschweig 1970[4]

Piaget, J.; Szeminska, A.: Die Entwicklung des Zahlbegriffs beim Kinde, Stuttgart 1975

Radatz, H.: Zählen – eine oft vernachlässigte Fähigkeit; in: Grundschule, 14 (1982) H.4, 159-162

Schipper, W.: Aspekte des arithmetischen Anfangsunterrichts; in: mathematica didacta, 4 (1981) 201-218

Schmidt, R.: Die Zählfähigkeit der Schulanfänger; in: Sachunterricht und Mathematik in der Primarstufe, 10 (1982) 371-376 (a)

Schmidt, R.: Ziffernkenntnis und Ziffernverständnis der Schulanfänger; in: Grundschule, 14 (1982) H.4, 166-167 (b)

Schmidt, S.: Zur Bedeutung und Entwicklung der Zählkompetenz für die Zahlbegriffsentwicklung bei Vor- und Grundschulkindern; in: Zentralblatt der Didaktik der Mathematik, 2 (1983) 101-111

Winter, H.: Mathematik entdecken, Neue Ansätze für den Unterricht in der Grundschule, Frankfurt 1987

Wittmann, E.: Grundfragen des Mathematikunterrichts, Braunschweig 1978[5]

Theorie und Praxis des Unterrichts mit Geistig- und Lernbehinderten:

Borgards, W.: Methodische Behandlung der Rechenschwäche, Berlin-Charlottenburg 1973[4]

Ebersole, M. u.a.: Lernen Schritt für Schritt, München, Basel 1976

Fischer, D.: Eine methodische Grundlegung (Neues Lernen mit Geistigbehinderten), Würzburg 1981[2]

Reich, F.: Anbahnung des Zahlbegriffs bei Geistigbehinderten – Theoretische Einführung, Übungsreihen für Geistigbehinderte, Hrsg.: S. DANK, Lehrgang A: Umgang mit Mengen, Zahlen und Größen, Heft A 8.1, Dortmund 1993

Schmitz, G.: Rechnen mit geistig behinderten Kindern; in: HAUG, CH.; SCHMITZ, G.: Lesen und Rechnen mit geistig behinderten Kindern, Wien, München 1977

Schmitz, G.; Scharlau, R.: Mathematik als Welterfahrung, Bonn-Bad Godesberg 1985

Theorie und Praxis des Mathematikunterrichts (Vor- und Grundschule):

Floer, J.; Haarmann, H. (Hrsg.): Mathematik für Kinder, Grundlegung – Beispiele – Materialien, Weinheim, Basel 1982

Kempinsky, H.: Der Rechenlehrer der Kleinen, Leipzig 1920[8]

Milz, I.: Rechenschwächen erkennen und behandeln, Teilleistungsstörungen im mathematischen Denken, Dortmund 1993

Radatz, H.; Schipper, W.: Handbuch für den Mathematikunterricht an Grundschulen, Hannover 1983

Wittmann, E.: Mathematisches Denken bei Vor- und Grundschulkindern, Braunschweig, Wiesbaden 1982

Wittmann, J.: Theorie und Praxis eines ganzheitlichen Unterrichts, Dortmund 1967[4]

Unterrichtspraktische Beiträge:

Kempinsky, H.: Ein frohes Rechenjahr, Leipzig 1922[5]

Köppen, D.: 70 Zwiebeln sind ein Beet, Mathematikmaterialien im offenen Anfangsunterricht, Weinheim, Basel 1988

Lützenkirchen, I.: Entwicklung von Basisfähigkeiten, Unterrichtsmodelle zur Stundenvorbereitung, Bonn-Bad Godesberg 1988[2]

Reich, F.: Geistigbehinderte lernen Voraussetzungen zum Zählen – Reihenbegriff und Zahlbegriff „1“, Übungsreihen für Geistigbehinderte, Hrsg.: S. DANK, Lehrgang A: Umgang mit Mengen, Zahlen und Größen, Heft A 8.2, Dortmund 1994

Staatsinstitut für Schulpädagogik und Bildungsforschung München (Hrsg.): Erstrechnen. Handreichung für Sonderpädagogische Diagnose- und Förderklassen, Teil 1: Grundlegende mathematische Fähigkeiten, Würzburg 1989[3] (Vertrieb: H.B. FREISLEBEN, s.o.)

Vater, W.: Rechenspiele zur mathematischen Förderung im Vorschulalter, Bonn 1984

Lieder, Gedichte:

Diestel, H.: Kindertag, Gedichte für Kinder, Stuttgart 1985[5]

Jehn, M. & W.: 28 Kinderspiele aus aller Welt, Lilienthal/Bremen 1989

Klein, R.R.: Willkommen, lieber Tag, Band I, Alte und neue Kinderlieder für die Grundschule, Frankfurt am Main 1975[12]

Kreusch-Jacob, D.: Das Musikbuch für Kinder, Ravensburg 1992

Kreusch-Jacob, D.: Ravensburger Liederspielbuch für Kinder, Ravensburg 1978

Pinson, R.W. (Hrsg.): Deutscher Liederschatz, Bayreuth 1979[3]

Spode, W.: Der Ohrwurm, Boppard/Rhein 1989

Velber Verlag (Hrsg.): spielen und lernen-Jahrbuch '80; Seelze 1979